BEI GRIN MACHT SICH IHR WISSEN BEZAHLT

AF136425

Bibliografische Information der Deutschen Nationalbibliothek:

Die Deutsche Bibliothek verzeichnet diese Publikation in der Deutschen National-bibliografie; detaillierte bibliografische Daten sind im Internet über http://dnb.d-nb.de/ abrufbar.

Coverbild: FRG by Atterratio Aeternus from the Noun Project / group by DTDesign from the Noun Project

Impressum:

Copyright © 2020 GRIN Verlag
Druck und Bindung: Books on Demand GmbH, Norderstedt Germany
ISBN: 9783346176400

Dieses Buch bei GRIN:

https://www.grin.com/document/588161

Joshua Fischer

Das deutsche Sozialversicherungssystem und seine fünf Sozialversicherungen

Einfach und kompakt erklärt

GRIN Verlag

GRIN - Your knowledge has value

Der GRIN Verlag publiziert seit 1998 wissenschaftliche Arbeiten von Studenten, Hochschullehrern und anderen Akademikern als eBook und gedrucktes Buch. Die Verlagswebsite www.grin.com ist die ideale Plattform zur Veröffentlichung von Hausarbeiten, Abschlussarbeiten, wissenschaftlichen Aufsätzen, Dissertationen und Fachbüchern.

Besuchen Sie uns im Internet:

http://www.grin.com/

http://www.facebook.com/grincom

http://www.twitter.com/grin_com

Das deutsche Sozialversicherungssystem und seine fünf Sozialversicherungen
-
Einfach und kompakt erklärt

Vorwort

Hast Du eigentlich schon einmal darüber nachgedacht, was unsere Eltern für Ziele haben? Viel Geld verdienen, die Welt bereisen oder gar mit Familie und Freunden viel Zeit verbringen. Dies sind sicher alles Ziele, die unsere Eltern haben können. Dann sollte ich die Frage vielleicht etwas genauer formulieren: Was mag das Ziel unserer Eltern sein, wenn sie uns in die Augen schauen?

Langfristig wohl, uns als ihre Kinder zu erziehen, uns die Welt zu erklären und uns ein möglichst gutes Leben zu ermöglichen. Dabei haben unsere Eltern ihre eigenen Vorstellungen von dieser Welt, die sie uns vermitteln wollen. Zeitgleich möchten sie jedoch noch einen Schritt weiter gehen: Sie wollen uns beibringen, dass wir auch ihre Vorstellungen hinterfragen und uns selbst ein Bild von eben dieser Welt machen sollen, in der wir mit unseren Eltern zusammen leben. Aus dem was wir dabei erfahren, sollen wir lernen und uns entwickeln. Hierbei liegt auf der Hand, dass es auch Vieles gibt, was wir von unseren Eltern, aus verschiedensten Gründen, nicht beigebracht bekommen können.

Im 19. Jahrhundert halfen viele Kinder ab ca. sieben Jahren der Familie bei anfallenden Arbeiten und unterstützten diese so in ihrem Alltag. Mit dem Fortschritt der Industrialisierung und dem Entstehen neuer Betriebe und Unternehmen (ab ca. 1840) entstanden zusätzliche Aufgaben, die von Kindern und Jugendlichen problemlos erledigt werden konnten. Dies führte jedoch dazu, dass sie hauptsächlich der Industrie zur Verfügung standen. Vor allem Kinder erfuhren keine Schulbildung, da hierfür keine Zeit mehr vorhanden war. Als Reaktion hierauf wurde in den 1850er Jahren die Schulpflicht eingeführt, die bis heute besteht.

Dieser kurze Absatz verdeutlicht uns eigentlich drei Dinge: Erstens ist die bis heute bestehende Schulpflicht das Resultat einer längst vergangenen Zeit. Zweitens ermöglicht sie jedem einen Schulbesuch und den Zugang zu verschiedensten Bildungseinrichtungen (was mit Blick auf andere Länder in dieser Welt nicht selbstverständlich ist). Drittens verpflichtet sie jedes Kind und jeden Jugendlichen zum Schulbesuch. Unterm Strich verbringen wir also einen Großteil unsere Kindheit und Jugend in der Schule.

Machen wir uns nichts vor: Wir alle kennen Lehrer, die nicht gut erklären können, Fächer auf dem Stundenplan, die wir überhaupt nicht mögen oder Klassenkameraden, mit denen wir nicht klar kommen. Wir alle kennen aber auch Lehrer, bei denen der Unterricht Spaß macht, Fächer auf dem Stundenplan, auf die wir uns freuen oder Klassenkameraden, mit denen wir gerne die Zeit verbringen. Nach nun etwas mehr als einer gelesenen Seite fragst Du dich vermutlich, was dies alles mit dem angekündigten Thema zu tun hat?

Nun ja: Das Wissen, was wir uns in der Schule aneignen, bereitet uns in meinen Augen nur teilweise auf unser Leben nach der Schule vor und befähigt uns nur im geringen Maße dazu, unseren eigenen Weg auf dieser Welt gehen zu können. An dieser Stelle wäre es jedoch falsch zu behaupten, dass die Lehrer in unseren Schulen hierfür die Schuld tragen. Ich möchte die Schuldfrage auch gar nicht zur Diskussion stellen, sondern lediglich meine Sichtweise darlegen. Die Tatsache, dass häufig über einen Lehrermangel gesprochen wird unterstreicht in meinen Augen, dass Lehrer es oft gar nicht leisten können, jeden von uns individuell auf sein oder ihr Leben nach der Schule vorzubereiten. Meiner Meinung nach, geben sie oft ihr bestes, die Vorgaben des Lehrplans einzuhalten und zeitgleich zu schauen, wo wir gerade stehen.

Aus eben diesem Grund entsteht diese Arbeit: Zum einen möchte ich die Lehrkräfte in unseren Schulen unterstützen, zum anderen möchte auch ich dir die Welt erklären, so wie es sicher auch Deine Eltern möchten; und das nicht kompliziert und ewig lange, sondern kurz, knapp und leicht verständlich. Du sollst also kein dickes Schulbuch vor dir liegen haben, was teilweise über ein ganzes Schuljahr nicht zu enden scheint. Du sollst möglichst schnell mit dem Lesen durch sein und Deine übrige Zeit für andere Dinge verwenden können. Das was dich hier erwartet, ist keine allgemeine Wissensvermittlung wie in der Schule, sondern Skills4Life.

Heute möchte ich dir folgendes näherbringen: Das deutsche Sozialversicherungssystem mit seinen fünf Sozialversicherungen. Was sich zuerst nach einem sehr theoretischen und trockenen Thema anhört, wird ein wichtiger Bestandteil Deines Lebens nach der Schule sein. In der Arbeit verwende ich an der einen und anderen Stelle Fachbegriffe oder Worte, die dir möglicherweise fremd oder kompliziert erscheinen. Bei diesen werde ich, dir hinter dieses Wort in Klammern eine

3

kurze Erklärung oder ein Synonym (=Wort mit ähnlicher Bedeutung) schreiben, so wie Du es hier siehst. Wenn Du aber über ein Wort stolperst, das ich nicht erklärt habe oder Du nicht verstehst, so hast Du sicher ein Smartphone, welches hier Dein Freund und Helfer sein kann. Außerdem habe ich die Arbeit so aufgebaut, dass Du entspannt von Kapitel zu Kapitel springen kannst ohne das vorherige gelesen haben zu müssen.

Damit diese Arbeit angenehm lesbar ist, wird die männliche Sprachform bei personenbezogenen Substantiven und Pronomen verwendet. Dies impliziert (=beinhaltet) jedoch keine Benachteiligung des weiblichen Geschlechts, sondern soll im Sinne der sprachlichen Vereinfachung als geschlechtsneutral zu verstehen sein. Auch wenn die Sozialhilfe Teil der Sozialen Sicherungssystems ist, wird sie in dieser Arbeit bewusst nicht näher betrachtet, um den Fokus auf die fünf Sozialversicherungen zu legen.

Zuletzt sei geschrieben, dass diese Arbeit natürlich dadurch entsteht, dass ich das Wissen vieler Menschen zusammentrage und auf den Punkt bringe. Der Ursprung dieses Wissens wird, wie Du sicher weißt, als Quelle bezeichnet und von mir kenntlich gemacht. Wenn Du Dein Wissen also vertiefen möchtest, so kannst Du auf eben diese Quelle zurückgreifen.

Diese Arbeit wäre sicher nicht zustande gekommen, wenn es nicht Menschen gäbe, die mich in meinem Tun unterstützt hätten. Daher möchte ich mich bei aus professionellem und persönlichem Anlass bei Herrn David Münch der DVAG sowie meinen Eltern, Florian Hümbs, Harald Klein, Jan Wittschier, Johanna Bull, Lea Lessenich und Mareike Petrak bedanken.

Inhaltsverzeichnis

Abkürzungsverzeichnis

ALG I	Arbeitslosengeld I
ALG II	Arbeitslosengeld II
ALV	Gesetzliche Arbeitslosenversicherung
Corona-Virus	SARS-CoV-2 / COVID-19
DGUV	Gesetzliche Unfallversicherung
DRV	Deutsche Rentenversicherung
GKV	Gesetzliche Krankenversicherung
GPV	Gesetzliche Pflegeversicherung
GRV	Gesetzliche Rentenversicherung
IAB	Institut für Arbeitsmarkt- und Berufsforschung
IAG	Institut für Arbeit und Gesundheit
IFA	Institut für Arbeitsschutz
IPA	Institut für Prävention und Arbeitsmedizin
MDK	Medizinischer Dienst der Krankenkassen
NSDAP	Nationalsozialistische Deutsche Arbeiterpartei
NSBO	Nationalistische Betriebszellen-Organisation
o.J.	Ohne Jahresangabe

1. Einleitung

Krankheit, Pflege, Alterssicherung, Arbeitslosigkeit und Berufsunfähigkeit sind wiederkehrende und auch aktuelle Themen, die in einer jeden Gesellschaft auftreten; besonders in Leistungsgesellschaften. Die zentrale Fragestellung hierbei ist meist, wie diese Gegebenheiten erreicht bzw. bekämpft werden können und was für die wirtschaftliche und soziale Sicherung der Menschen getan werden kann. Jedes Land auf dieser Welt hat hierzu eine eigene Antwort und ein eigenes System; oder auch nicht.

Das Sozialversicherungssystem der Bundesrepublik Deutschland mit seinen fünf Sozialversicherungen ist mit Blick auf die anderen Länder dieser Welt einzigartig und in keinem Land so vorzufinden, wie hier. Es geht in seinem Bestehen bis ins 19. Jahrhundert zurück. Im Wandel der Zeit wurde es wieder und wieder an den jeweiligen Bedarf der Zeit angepasst und ist aus heutiger Sicht aus unserem gesellschaftlichen System nicht mehr wegzudenken. Unterm Strich funktioniert es nach einem solidarischen Gedanken. Der Bürger gibt von seinem monatlichen Verdienst einen Teil an den Staat ab, der diesen Beitrag wiederum, je nach Bedarf, umverteilt. Diese Abgabe wird als Sozialversicherungsbeitrag bezeichnet und ist beispielsweise bei Arbeitnehmern auf der monatlichen Lohnabrechnung zu finden.

Vor allem für junge Menschen, die sich in einer Berufsausbildung oder im Berufseinstieg befinden, aber auch für solche die sich aus reinem Interesse mit diesem fünfsäuligen Konstrukt beschäftigen möchten, stellt die Komplexität und oft seitenlange Erklärung des Sozialversicherungssystems eine mühselige Herausforderung und zugleich langweilige Angelegenheit dar; verständlicherweise aus Sicht des Autors. Mit Verweis auf das Vorwort sollen also folgende Fragestellungen bearbeitet werden: Was steckt hinter dem deutschen Sozial-versicherungssystem und wie hat es sich entwickelt? Welche Bereiche werden von den fünf Sozialversicherungen abgedeckt und was sind die jeweiligen Leistungen für Versicherte? Wie beeinflussen sie unser tägliches gesellschaftliches Leben und welchen Herausforderungen stehen sie in der heutigen Zeit und zukünftig gegenüber? Das Ziel der vorliegenden Arbeit ist es, sich mit den genannten Fragen zu beschäftigen und sie kurz, knapp sowie leicht verständlich zu beantworten.

2. Geschichte der sozialpolitischen Gesetzgebung

Schon seit langem beschäftigen sich Politiker damit, ob und wie es möglich ist, den Bürgern dieses Landes ein möglichst gutes und sorgenfreies Leben zu ermöglichen. Die Bundesrepublik Deutschland wurde im Wandel der Zeit zu einem Sozialstaat, der sich „[…] um soziale Gerechtigkeit bemüht und sich um die soziale Sicherheit seiner Bürgerinnen und Bürger kümmert." [Bundeszentrale für politische Bildung, 2011]. Damit einhergehend ist eine soziale Gesetzgebung, die in ihrer Beständigkeit einzigartig und in keinem anderen Land der Welt so vorzufinden ist, wie in Deutschland. Neben einer nationalen Sozialpolitik stehen zudem die internationale Sozialpolitik und die von Unternehmen getragene betriebliche Sozialpolitik im Fokus der Politik. Alle drei umfassen und beschreiben

> „alle Maßnahmen, die darauf gerichtet sind, ein Mindestmaß an sozialer Sicherheit, vor allem die Sicherung eines ausreichenden Einkommens, z. B. bei Krankheit, bei Erwerbslosigkeit oder im Alter, zu gewährleisten. Über das wirtschaftliche Ziel der Einkommenssicherung hinaus soll die staatliche Sozialpolitik den sozialen Frieden in der Gesellschaft aufrechterhalten." [Bundeszentrale für politische Bildung, 2016]

Das deutsche Sozialversicherungssystem ist also eine Maßnahme bzw. ein Instrument der Sozialpolitik, um die oben genannten Aufgaben und Ziele zu erreichen. „Im Sozialstaat der Bundesrepublik Deutschland erfolgt die Absicherung des Erwerbseinkommens über die Sozialversicherung(en)." [Althammer und Lampert, 2014: S. 4]. Hinter diesen Sozialversicherungen steckt die Idee einer gemeinschaftlichen, solidarischen Zahlung sowie einer bedarfsorientierten Verteilung der Gelder. In der Fachsprache wird von einem „Kollektiven Risikoausgleich" gesprochen [vgl. Althammer und Lampert, 2014: S. 4, 246].

Um allerdings verstehen zu können, welche Bedeutung die Sozialversicherungen in unserem täglichen Leben haben und auf welche Lebensbereiche sie Einfluss nehmen, ist es unerlässlich, einen kurzen Blick in die deutsche Geschichte zu werfen.

8

2.1 Anfänge staatlicher Sozialpolitik (1839-1890)

Das halbe Jahrhundert von 1839-1890 war vor allem durch den Übergang von handarbeitsorientierten zu maschinenorientierten Tätigkeiten geprägt. Der Ausbau des Eisenbahnwesens, des Straßennetzes sowie der Binnenschifffahrt (ab ca. 1839) hatte eine Abnahme der Beschäftigten in der Landwirtschaft und eine Zunahme der Beschäftigten in der Industrie zur Folge. Durch das Aufkommen neuer Betriebe und Aufgaben entstanden zusätzliche Aufgaben, die auch durch Kinder und Jugendliche problemlos erledigt werden konnten. Um diese bei Ihrer Arbeit vor industrieller Ausbeutung und gesundheitlichen Schäden zu schützen, erließ die deutsche Sozialpolitik noch im selben Jahr eines der ersten Gesetze, welches die Rechte der arbeitenden Kinder und Jugendlichen in der Industrie stärken sollte. Die Preußische Allgemeine Gewerbeordnung weitete diese Rechte schließlich am 17. Januar 1845 über die Kinder- und Jugendlichen auf alle Arbeitenden aus. Dennoch führte die harte und lange Arbeit zum Rückgang der Wehrtauglichkeit von Jugendlichen und zum Ausbleiben der Schulbildung bei Kindern. Um dem entgegenzuwirken, beschloss die Politik die Einführung einer Schulpflicht im Jahr 1850 und die Verbesserung des Arbeitnehmerschutzgesetzes im Jahr 1853. Trotz all dem nahmen zwei gravierende soziale Probleme zu: Lange Arbeitszeiten und niedrige Löhne [vgl. Cortes, 2020: S. 6-8 und Althammer und Lampert, 2014: S. 41, 70-71].

In politischen Gremien dominierten bis zur Gründung des Deutschen Reichs 1871 noch die Adeligen, Großgrundbesitzer und Beamte. Kaufleute, Industrielle und Gewerbetreibende waren nur schwach vertreten; trotz zugenommener Größe. Viele Dokumente belegen, dass die soziale Problematik von vielen Staatsmännern, Politikern, Beamten und Unternehmer ignoriert und unterschätzt wurde. Das, durch Otto von Bismarck im Jahr 1867 eingeführte und vier Jahre später in die Rechtsverfassung übernommene, *„allgemeine, direkte und geheime Wahlrecht"* berechtigte nun jeden Bürger dazu, Vertreter in politische Gremien zu wählen, die für ihre Interessen und Ziele einstehen sollten. Dies eröffnete nun die Möglichkeit für die Arbeiter, an der staatlichen Sozialpolitik Teil zu haben. So forderten die gewählten Vertreter, die soziale Lage zu verbessern und übten zunehmend Druck auf politische Gremien und die nationale Sozialgesetzgebung aus. Die Erstarkung der Arbeiterbewegung in den 1880er Jahren war schließlich der entscheidende

Druckpunkt: Am 17. November 1881 kündigte Kaiser Wilhelm I. in seiner *„Kaiser-lichen Botschaft"* die Schaffung einer Sozialversicherung an, die sozialen Schäden von Personen durch Krankheit, Unfall und Invalidität sowie Alter entgegenwirken sollte. Otto von Bismarck unterstützte dieses Vorhaben und war in den folgenden Jahren maßgeblich an der Schaffung beteiligt [vgl. Althammer und Lampert, 2014: S. 41, 69-70].

Das im Jahr 1883 geschaffene Krankenversicherungsgesetz bestimmte eine Versicherungspflicht für Arbeitnehmer bis zu einer festgelegten Einkommensgrenze und verpflichtete zugleich die Versicherten zur Zahlung von zwei Dritteln und die Arbeitgeber zur Zahlung von einem Drittel des Beitrags. Die Versicherung umfasste unter anderem *„[...] freie ärztliche Behandlungen, unentgeltliche Versorgungen von Kranken mit Arzneimitteln sowie Krankengeld ab dem dritten Tag in Höhe von mindestens 50% des beitragspflichtigen Lohns bis zu maximal 13 Wochen [...]."* *[Althammer und Lampert, 2014: S. 72].*

Das im Jahr 1884 geschaffene Unfallversicherungsgesetz bestimmte ebenfalls eine Versicherungspflicht; allerdings nur für die Unternehmer. Auf Kosten dieser mussten Arbeitende mit weniger als 2000 Reichsmark Jahreseinkommen in einer Berufsgenossenschaft gegen Unfälle versichert werden. Die Leistungen der Berufsgenossenschaft umfassten eine verdienstbezogene Rente nach Ablauf der Gesetzlichen Krankenfürsorge für den im Betrieb verunglückten Arbeiter oder deren Hinterbliebenen. Daneben *„[...] erhielten sie (die Berufsgenossenschaften) die Befugnis, Vorschriften zur Verhütung von Unfällen zu erlassen."* *[Althammer und Lampert, 2014: S. 73].*

Das im Jahr 1889 geschaffene Gesetz zur Invaliditäts- und Alterssicherung bestimmte auch eine Versicherungspflicht für alle Arbeiter, die das 16. Lebensjahr vollendet hatten. Die Beiträge zur Versicherung stammten aus gleichhohen Beträgen der Arbeitnehmer und Arbeitgeber sowie Zuschüssen der Reichskasse. *„Ein Rentenanspruch entstand entweder, wenn der Versicherte erwerbsunfähig wurde und fünf Beitragsjahre zurückgelegt hatte oder wenn er das 70. Lebensjahr vollendet und dreißig Beitragsjahre zurückgelegt hatte."* *[Althammer und Lampert, 2014: 73].*

2.2 Entlassung Bismarcks und Erster Weltkrieg (1890-1918)

In den kommenden Jahren setzte sich der industrielle Ausbau fort, genauso wie die Abnahme der Beschäftigten in der Landwirtschaft und die Zunahme der Beschäftigten in der Industrie. Die Zahl der Beschäftigten stieg bis 1912 auf ca. 30,2 Millionen und das durchschnittliche Arbeitseinkommen ebenso um jährlich 2,05%.

Daneben veränderten sich auch die politischen Gegebenheiten: Seit dem Jahr 1888 (=Dreikaiserjahr) bekleidete der Enkel von Kaiser Wilhelm I, Wilhelm II, das Kaiseramt und regierte fortan, nachdem der Sohn von Wilhelm I, Friedrich III, nach 99 Tagen seiner Thronfolge an Kehlkopfkrebs verstarb. Zwei Jahre später verlor Otto von Bismarck im Jahr 1890 seine Reichstagsmehrheit und der Einfluss christlicher Gewerkschaften sowie politischer Gremien der Arbeiterschaft stiegen stark an. Die zuvor dominierte Arbeiterschaft war nicht mehr aufzuhalten. Bismarck, der die Gefahr einer zunehmenden finanziellen Belastung der Industrie durch die neue Ausrichtung der Sozialpolitik wiederkehrend betonte, stemmte sich erfolglos gegen die neue politische Ausrichtung des Kaisers Wilhelm II, der sein Augenmerk auf die Weiterentwicklung des Arbeitnehmerschutzes richtete, welcher in den vergangenen Jahren bei der Entwicklung der Sozialgesetzgebung vernachlässigt wurde. So entstand beispielsweise ein Verbot der Sonntagsarbeit. Reichskanzler Bismarck wurde schließlich im März 1980 aufgrund seiner Gegenwehr von seinem politischen Posten entbunden und entlassen [vgl. Althammer und Lampert, 2014: S. 74-75 und Lebendiges Museum Online, 2014b].

Die Weiterentwicklung der Arbeitnehmerschutzpolitik von Kaiser Wilhelm II nahm Gestalt an. Neben einem zunächst vergeblichen Versuch, die Arbeitsschutzmaßnahmen der deutschen Wirtschaft mit denen Frankreichs, Englands, Belgiens und der Schweiz zu koordinieren, folgte noch 1890 der Erlass und Einführung des Mitsprache- und Mitbestimmungsrechts der Arbeiter in Betrieben. Dieser Erlass wurde in den Jahren 1900 und 1908 wiederkehrend angepasst. Daneben schrieb das, im Jahr 1897, eingeführte Handelsgesetzbuch nun allgemeine Regeln für einen Arbeitsvertrag vor, u.a. eine freie Arbeitswahl. Im Jahr 1903 wurde die Kinderarbeit in einigen Gewerben vollständig verboten und in anderen Gewerben zeitlich begrenzt. Während dieser Zeit wurde auch der Arbeitsschutz für Jugendliche verbessert. Am 19. Juli 1911 wurden die einzelnen Gesetzgebungen zur Sozialversicherung aus den vergangenen Jahren in einem einheitlichen Gesetzeswerk, der Reichsversicherungsordnung, zusammengefasst und die Kosten der Versicherungen der aktuellen Zeit angepasst [vgl. Althammer und Lampert, 2014: S. 75-77].

Die Weiterentwicklung des Sozialsystems erfolgte während des Ersten Weltkriegs in den Jahren 1914-1918. Wegen eines gravierenden Munitionsmangels in der *„Schlacht an der Somme"* wurde 1916 über die Einführung eines Hilfsdienstgesetzes beraten. Hierdurch würden alle männlichen Deutsche vom 17. bis zum 60. Lebensjahr, die nicht zum Dienst in der Armee einberufen wurden oder nicht in einem forstwirtschaftlichen Betrieb arbeiteten, zur Arbeit in einem kriegswichtigen Betrieb verpflichtet werden. Die freie Wahl des Arbeitsplatzes wäre somit aufgehoben gewesen. Um dieses Gesetz zur Anwendung bringen zu können, bedurfte es jedoch der Zustimmung der Reichsmehrheit. Zudem war es essenziell (=unerlässlich) die Loyalität der Arbeiter zu sichern, die das Gesetz nun treffen würde. Um den, durch das Gesetz, entstehenden Arbeitszwang abzumildern und die Arbeiter nicht dem Willen der Arbeitgeber und Politik unterzuordnen, machte die Reichstagsregierung den Gewerkschaften die Zusicherung, Arbeiterausschüsse in allen Betrieben mit mindestens 50 Beschäftigten einzuführen, die Einfluss auf die Ausgestaltung der Betriebsverfassung und des Arbeitsvertragsrechts haben.

„Diese Ausschüsse hatten für ein gutes Einvernehmen zwischen Arbeitgebern und Arbeitnehmern zu sorgen und dem Unternehmer Anträge, Wünsche und Beschwerden in Bezug auf Betriebseinrichtungen, Lohn- und Arbeitsfragen zu unterbreiten." [Althammer und Lampert, 2014: S. 77].

Aufgrund dieser Zusicherung trat das Gesetz schließlich am 05. Dezember 1916 in Kraft. Auch wenn damit nun eine Arbeitspflicht vorhanden war, war dies historisch betrachtet der Durchbruch für die Anerkennung der Gewerkschaften und betriebsinterner Gremien. Die Einflussnahme auf das jeweilige Betriebsgeschehen sowie die demokratische Beteiligung der Arbeitnehmer war gefestigt und das Sozialsystem um einen wichtigen Bestandteil weiterentwickelt. Die folgenden Jahre waren vom Ersten Weltkrieg überschattet [vgl. Lebendiges Museum Online, 2014a und Althammer und Lampert, 2014: S. 75-77].

2.3 Die Weimarer Republik (1919-1932)

In den Jahren nach dem Ende des Ersten Weltkriegs, wurden die Spuren nach und nach sichtbar. 1919 bis 1923 waren vor allem durch eine hohe Arbeitslosigkeit gekennzeichnet. Durch den Rückstrom der Soldaten, dem Wegfall der Rüstungsproduktion und der zeitlich langandauernden Umstellung der Produktionsgüter, erholte sich die deutsche Wirtschaft nur langsam von den Kriegsfolgen. Der Erste Weltkrieg hatte auch zur Folge, dass die Vermögensbestände und Betriebsmittel der Sozialversicherungen völlig ausgeschöpft und verbraucht waren. Die Leistungsansprüche der Versicherten konnten, selbst durch Hilfe von Reichszuschüssen, in nur geringem Maße erfüllt werden.

Die im Versailler Vertrag festgehaltenen Auflagen (u.a. Abtretungen von wirtschaftlich profitablen Gebieten) sowie der Währungsverfall bremsten die wirtschaftliche Erholung zusätzlich. In Folge dessen brach die Monarchie zusammen, Kaiser und Fürsten verloren ihren Einfluss und wurden auf politischer Ebene durch eine parlamentarische Demokratie ersetzt. Erst im Jahr 1923 stabilisierte sich der Währungsverfall der Reichsmark, wodurch der Staat letztlich hohe Investitionen tätigen und der Arbeitslosigkeit entgegenwirken konnte. Für Bergleute wurde noch im selben Jahr die Reichsknappschaftsversicherung gegründet, um für jene große Berufsklasse der damaligen Zeit eine zusätzliche und unabhängige Invaliden-, Alters- und Krankenversicherung bereitzustellen. Ein Jahr später erholten sich auch die Sozialversicherungen aus den Folgen des Krieges. Mit der deutschen Wirtschaft ging es langsam wieder Berg auf [vgl. Althammer und Lampert, 2014: S. 79, 82-83].

Die durch das Hilfsdienstgesetz eingeführten Arbeitsausschüsse erließen zahlreiche Schutzverordnungen für Arbeitnehmer und setzten die während des Krieges eingeschränkten Arbeitsschutzgesetze wieder in Kraft. Im Zuge dessen wurden Arbeitnehmerrechte durch die Einführung eines Kündigungsschutzes, eines Mutterschutzes und eines achtstündigen Arbeitstages zusätzlich gestärkt. Final erreichten die Ausschüsse den Erlass des Betriebsrätegesetzes, welches die gemachten Zusicherungen aus dem Jahr 1916 nochmals in einem separaten Gesetz festhielt und so das Fortbestehen dieser Zusicherungen sicherte.

13

Hinzu kamen, neben den genannten Ereignissen, noch zwei weitere Entwicklungen: Erstens wurde der Bereich der öffentlichen Armenfürsorge ausgebaut und weiterentwickelt. Hierzu zählt neben der Armenpflege auch das, im Jahr 1922, verabschiedete Reichsjugendwohlfahrtsgesetz, welches alle sozialpädagogischen Hilfen für Kinder und Jugendliche beinhaltete und die Jugendhilfe begründete. Zweitens trafen Arbeitgeberverbände und Gewerkschaften innerhalb der Arbeitsmarktpolitik eine Vereinbarung zur Tarifautonomie und schufen so die Möglichkeit zur Verabschiedung übergreifender Tarifverträge zur Gestaltung unabhängiger und zugleich einheitlicher Arbeitsverhältnisse. Im Jahr 1927 wurden Berufsberatung, Arbeitsvermittlung und Arbeitslosenversicherung zur Staatsaufgabe, der „Reichsanstalt für Arbeit" übertragen und im Gesetz über Arbeitsvermittlung und Arbeitslosenversicherung festgehalten [vgl. Althammer und Lampert, 2014: S. 79-84].

Die wirtschaftliche und soziale Erholung und Stabilisierung hielt jedoch nur kurz an: Durch die Weltwirtschaftskrise in den Jahren 1929-1933 stieg die Arbeitslosigkeit erneut von Jahr zu Jahr. Dazu sank das jährliche Arbeitseinkommen der Unternehmer und Arbeiter beträchtlich, wodurch auch die Beitragszahlungen zur Sozialversicherung nicht mehr möglich waren. Wirtschaft und Politik versanken so während der Weltwirtschaftskrise im Chaos, was zu katastrophalen sozialen Bedingungen führte. Die Nationalsozialistische Deutsche Arbeiterpartei (kurz: NSDAP) erhielt seit 1929 von Jahr zu Jahr immer mehr Reichsmandate (1930 waren es 107, 1932 waren es bereits 230). Zu den Wählern der Partei gehörten nach Analysen der Wahlen vor allem Selbstständige des Mittelstandes, Jugendliche und Dauerarbeitslose, die unter der Arbeitslosigkeit besonders zu leiden hatten und auch konservativ sowie national ausgerichtete Bürger [vgl. Althammer und Lampert, 2014: S. 81-84, 86].

2.4 Das Dritte Reich (1933-1945)

Ausschlaggebend für die zunehmende Zustimmung der Menschen zur nationalistischen Politik der NSDAP, dem Dritten Reich und dem Führer Adolf Hitler waren wirtschaftliche Erfolge und schließlich die Überwindung der Weltwirtschaftskrise: Im Jahr 1933 ging die Zahl der Arbeitslosen um 2 Millionen Menschen zurück und reduzierte sich von Jahr zu Jahr immer weiter bis 1936 die

Vollbeschäftigung erreicht wurde. Das durchschnittliche Arbeitseinkommen stieg bis 1938 um 12% an. Die finanziellen Ausgaben für Gesundheitsförderung sowie Unfallverhütung wurden erhöht und der Arbeitnehmerschutz durch verschiedene Verordnungen, u.a. dem Gesundheitsschutz, Unfallverhütungsvorschriften, dem Gesetz über Lohnschutz und dem Jugendschutzgesetz, erweitert. Diese Erfolge waren das Ergebnis aus dem Verstoß der parlamentarischen Demokratie und Einführung einer totalitären einparteien- und führerstaatlichen Politik, die den Weg für eine wirtschaftliche Neuorientierung hin zur Rüstungs- und Waffenindustrie sowie nationalistischen Wirtschaft eröffnete [vgl. Althammer und Lampert, 2014: S. 87-88].

Diese politischen und wirtschaftlichen Entwicklungen veränderten auch die Sozialgesetzgebung im Dritten Reich, welche im Vergleich zu den Jahren zuvor zunehmend durch eine nach dem politisch-nationalistischen System ausgerichtete Zielsetzung gekennzeichnet war. In den Jahren 1932-1939 wurden finanzielle Mittel der Sozialversicherungen zweckentfremdet und später zum Wehraufbau verwendet (im Vergleich: 7,8 Mrd. RM für Arbeitsbeschaffungsmaßnahmen (Eisenbahn 1Mrd. | Wohnungsbau 2,5 Mrd. | Autobahn 2,5-3 Mrd. | kulturelle Maßnahmen 1,5 Mrd.) und rund 60 Mrd. RM für militärische Zwecke). Hilfswürdig waren dabei nur noch die Menschen, die dem rassenhygienischen Volksbild entsprachen, die für die Gemeinschaft ein wertvolles oder nützliches Mitglied waren und bei denen die Hilfe der Familie versagte. Die humanitäre, solidarische Hilfsbereitschaft für den Mitmenschen war nicht länger das Leitbild sozialpolitischer Diskussionen und Entscheidungen. Wohlfahrtsorganisationen (z.B. das Deutsche Rote Kreuz oder die Caritas), die oft einen engeren Bezug zum Volk hatten und dieses unterstützte, wurden nach politischen Vorgaben zweckentfremdet. Ihre Hilfe bestand nun darin, dem Hilfeempfänger „[...] über die materielle Hilfe hinaus in seinem inneren seelischen Verhalten (zu) beeinflussen und unter Benutzung nationalsozialistischer Motive... aus ihm ein nützliches, leistungswilliges Glied des Volksganzen (zu) machen." [Althammer und Lampert, 2014: S. 90].

Im Bereich der Arbeitsmarktpolitik folgten ebenfalls gravierende Veränderungen und eine totale Demontage aller demokratischen Einrichtungen und Verbände: Gewerkschaftshäuser wurden durch die Nationalistische Betriebszellen-Organisation (kurz: NSBO) besetzt. Gewerkschaften sowie Arbeitgeberverbände aufgelöst und durch die *„Deutsche Arbeitsfront"* ersetzt. Die Aufgabenverteilung blieb zwar ähnlich, wurde jedoch nun durch die Deutsche Arbeitsfront durchgeführt, die ihre Weisungen direkt vom Reichsminister erhielt und somit durch den Staat bestimmt wurde. Daneben wurden die Grundrechte der Arbeitnehmer immer weiter und konsequent abgebaut, bis zur Beseitigung der freien Arbeitsplatzwahl und vollen Dienstverpflichtung, die Ähnlichkeit mit dem Hilfsdienstgesetz aus dem Jahr 1916 hatte. Die Reichsanstalt für Arbeit (vgl. Kapitel 2.3) wurde zu einer vom Staat kontrollierten Arbeitseinsatzverwaltung umfunktioniert. Aus der zuvor vereinbarten demokratischen und einvernehmlichen Zusammenarbeit von Arbeitgebern und Arbeitnehmern wurde letztlich eine staatlich kontrollierte Wirtschaft mit der Möglichkeit zur totalen Planung des Arbeitskräftepotentials. Die so geschaffenen Strukturen boten optimale Möglichkeiten, welche im Zweiten Weltkrieg maßgeblich genutzt wurden. *„Im Dritten Reich wurde die Sozialpolitik entfremdet, missbraucht und enthumanisiert. Sie diente nicht mehr primär den Schwachen. Sie wurde auf „Volksgenossen" beschränkt und zum Erziehungs- und Disziplinierungsinstrument gemacht."* [Althammer und Lampert, 2014: S. 92].

2.5 Die Bundesrepublik Deutschland (1945-heute)

Nach dem Tod Hitlers und der Kapitulation Deutschlands im Jahr 1945 tat sich zunächst nicht viel. Die wirtschaftliche und soziale Ausgangslage nach dem Ende des Zweiten Weltkrieges war trostlos. Neben der Abgabe von 25% der ehemaligen Reichsfläche herrschte im nun zerstörten Deutschland eine große Not:

„[…] 20 bis 25% der Wohnungen und 40% der Infrastruktur waren durch die Kriegszerstörungen verlorengegangen. […] Deutschland hatte dreieinhalb Mio. Kriegstote zu beklagen, 40% der Bevölkerung gehörten als Witwen oder Waisen, als Kriegsbeschädigte, Flüchtlinge oder Vertriebene zu den unmittelbaren Kriegsopfern." [Althammer und Lampert, 2014: S. 93].

Die Fläche Deutschlands wurde von den vier Siegern des Zweiten Weltkrieges in insgesamt vier Zonen unterteilt. Da jedoch Uneinigkeit darüber herrschte, wie nun ein richtiger Staat auszusehen hat, schlossen sich drei der vier Zonen zur Bundesrepublik Deutschland (im Westen Deutschlands) zusammen, während die vierte Zone als Deutsch Demokratische Republik (im Osten Deutschlands) für sich blieb. Während im Westen Deutschlands ein demokratisches und frei marktwirtschaftliches System verfolgte, hielt der Osten Deutschlands am Sozialismus fest. So entstand ein zwei-geteiltes Deutschland. Der erste Deutsche Bundestag der Bundesrepublik, mit damaligem Sitz in Bonn, griff 1949 auf die Gesetzgebung und Verfassung der Weimarer Republik zurück. Diese war insoweit von Vorteil, da sie zuvor schon eine funktionelle Wirkung gezeigt hat und auch mit den sozialpolitischen Zielen von Demokratie und einem sozialen Rechtsstaat übereinstimmte (vgl. Kapitel 2.2 und 2.3). Ergänzend enthielt das am 08. Mai 1949 verabschiedete Grundgesetz zusätzlich alle relevanten Grundrechte der Bürger der Bundesrepublik Deutschland. Im Gegensatz zur Zeit der Weimarer Republik waren die politischen Rahmen-bedingungen nun stabil und die vorhandenen politischen Gremien stark genug um zu regieren. So wurde weitestgehend schnell und sicher die Soziale Sicherung für die Bürger wieder hergestellt, den Betriebsräten und Arbeitnehmervertretungen ihre Autonomie und Mitbestimmungsrechte zurückgegeben und die Selbstverwaltung der Sozialversicherungen festgelegt. Zweiteres hatte zur Folge, dass die Arbeitsschutzgesetze aus der Weimarer Republik wieder eingeführt und ausgestaltet wurden. Im Laufe der folgenden Jahre erfuhren die drei genannten Bereiche verschiedene Erneuerungen und Anpassungen, um bestmögliche Vorteile für Bürger zu schaffen und die Gegebenheiten des deutschen Staates auszuschöpfen [vgl. Althammer und Lampert, 2014: S. 94-97].

Der Wiederaufbau des zerstörten Deutschlands schuf zunächst viele Arbeitsplätze. Mit dem 1950 verabschiedeten Wohnungsbaugesetz wurden innerhalb von drei Jahren über 2 Mio. neue Wohnungen gebaut. Ab Ende der 1950er Jahre war erneut die Vollbeschäftigung erreicht. Nebenbei erwähnt erfuhr die Bevölkerung in diesen Jahren einen Babyboom, bei dem die Zahl der Neugeborenen sprunghaft anstieg und erst zum Ende der 1960er Jahre durch die Entwicklung von effektiven Verhütungsmitteln wieder zurückging. Als Mitte der 1970er Jahre das wirtschaftliche Wachstum abflachte, nahm die Arbeitslosigkeit wieder zu. Die Beitragssätze zur Sozialversicherung stiegen an und führten dennoch zu spürbaren Engpässen in öffentlichen Haushalten von Ländern und Kommunen. Die Bekämpfung der Arbeitslosigkeit und finanziellen Engpässen war Schwerpunkt der sozialpolitischen Debatten in den folgenden Jahren. Schließlich wurde der Wirtschaftsmarkt durch verschiedene Maßnahmen, unter anderem der Erhöhung des Renteneintrittsalters, einer Möglichkeit zum Abschluss befristeter Beschäftigungsverhältnisse und der Einführung von Kindererziehungszeiten für Väter und Mütter (seit 2004: Elternzeit) entlastet. Nichtsdestotrotz konnte das Problem nicht vollständig gelöst werden:

„Die steigende Arbeitslosigkeit, steigende Sozialausgaben (vor allem in der Renten- und Krankenversicherung), eine zunehmende Staatsverschuldung sowie die absehbare demografische Entwicklung ließen ab Anfang der 1980er Jahre die Forderung nach einer „Wende" in der Sozialpolitik entstehen. In der Folgezeit wurden mehrere Versuche unternommen, die Sozialausgaben zu stabilisieren und soziale Leistungen einzuschränken. [Althammer und Lampert, 2014: S. 93].

Nach der Wiedervereinigung von Ost- und Westdeutschland am 03. Oktober 1990 mussten nun die Sozialgesetzgebungen des Westens und des Ostens zusammengeführt werden. Diese Aufgabe gestaltete sich zunächst als schwierig, da sich die Sozialgesetzgebung in der DDR und BRD in vielen Punkten unterschieden. Vor allem die Bevölkerung der ehemaligen DDR war nun konfrontiert mit Veränderungen in den Bereichen des Sozialversicherungssystems, der Wohnungs- und Familienpolitik und des Rechtssystems. Mit Blick auf die Wirtschaft folgten in den ehemaligen DDR-Gebieten eine Vielzahl an Unternehmensinsolvenzen und Mitarbeiterentlassungen (u.a. aufgrund technologischen Rückstands der Industriemaschinen, die nun überholt wurden und eine Neuorientierung des Produktionsmarktes).

Die Problematik der durch Insolvenz und Massenentlassung in den hinzugefügten Bundesländern abrupt zugenommenen Arbeitslosigkeit in der nun anders gefassten Bundesrepublik Deutschland stellte die Funktionalität der Sozialversicherungen vor eine existenzielle Herausforderung. Durch die Umgestaltung und Neuorientierung der Wirtschaft sowie einem Transfer von 95 Mrd. Euro seitens der westdeutschen Versicherungsträger zu den ostdeutschen Versicherungsträger wurden im Laufe der Jahre aus 9,8 Mio. im Jahr 1989 schließlich 5,8 Mio. arbeitslose Menschen im Jahr 1992. Dieser Rückgang der Arbeitslosigkeit sorgte schließlich im sozialen Leben, der Wirtschaft und der Sozialpolitik von Jahr zu Jahr für vergleichsweise stabile Verhältnisse. Die Arbeitslosigkeit sank im Laufe der Jahre weiter auf 1,6 Mio. Menschen im Jahr 2005, was letztlich auch aufgrund von Stellenteilungen erreicht wurde, bei der aus einer 100%-Stelle zwei 50%-Stellen wurden. Im Jahr 2015 erfuhren die Arbeitnehmerrechte durch die Einführung eines Mindestlohns eine erneute Stärkung. Der bei 8,50€ angefangene Mindestlohn wird jährlich angepasst und erhöht sich seitdem [vgl. Althammer und Lampert, 2014: S. 102-104].

Aufgrund der gestiegenen Lebenserwartung durch die Veränderungen in den vergangenen Jahren, nahmen die Zahl und die Dauer von pflegebedürftigen Menschen zu. So wurde 1995 die Soziale bzw. Gesetzliche Pflegeversicherung dem Sozialversicherungssystem hinzugefügt und eng mit den Bestimmungen der Gesetzlichen Krankenversicherung verknüpft. Zum 1. Januar 1996 trat das Gesundheitsstrukturgesetz in Kraft, welches den Versicherten die Möglichkeit bot, frei und selbstbestimmend eine Krankenkasse zu wählen. Folglich verteilten sich die Versicherten auf verschiedene Krankenkassen, wodurch die Leistungsausgaben und die Beiträge zur Sozialversicherung deutlich sanken. Seit 2009 gilt ein bundesweit einheitlicher Beitragssatz für alle Gesetzlichen Krankenkassen sowie eine Pflicht für alle Bürger sich entweder in einer privaten oder der Gesetzlichen Krankenkasse zu versichern. Ein Risikostrukturausgleich erfolgt durch die Möglichkeit, Zusatzbeiträge für verschiedene Zusatzleistungen zu zahlen. Dadurch und den Einfluss moderner Medien zur Nutzung verschiedener Vergleichsportale, wird der Preiswettbewerb der Marktwirtschaft gestärkt [vgl. Althammer und Lampert, 2014: S. 106-107].

Im Jahr 2001 setzte sich die Erkenntnis durch, dass das Umlageverfahren vor allem in der Gesetzlichen Rentenversicherung durch den demografischen Wandel gefährdet ist. Nach intensiven Diskussionen wurde zunächst das Altersvermögen-Ergänzungsgesetz verabschiedet, welches unter anderem die sogenannte „Riester-Rente" beinhaltete. Diese stellt eine zusätzliche staatlich geförderte Rentenform dar, bei der der Versicherte einen monatlichen Beitrag zahlt, Zinsen seitens des Versicherungsinstituts pro Jahr erhält, die gesamten Ausgaben steuerlich geltend machen kann und, wie bereits erwähnt, einen staatlichen Zuschuss bekommt. So wurde zusätzlich zum Umlageverfahren eine Alterssicherung geschaffen, die nach einem Kapitaldeckungsverfahren funktioniert. Um die Folgen des demografischen Wandels weiter zu minimieren, wird seit dem Jahr 2012 die Regelaltersgrenze schrittweise von 65 auf 67 Jahren angehoben und das Sicherungsniveau der Gesetzlichen Rentenversicherung bis zum Jahr 2025 schrittweise auf 46,2% reduziert, um auch den monatlichen Beitragssatz konstant halten zu können. Mit

19

Blick auf Langzeitversicherte und die soziale Gerechtigkeit wurde im Jahr 2014 entgegen der Regelaltersgrenze entschieden, dass Versicherte, die 45 Jahre in einem Beruf gearbeitet und das Rentenalter von 63 erreicht haben, vollen Anspruch auf Rentenbezüge ohne Abzüge haben [vgl. Althammer und Lampert, 2014: S. 107, 301-303 und Deutsche Akademie für Vermögensberatung e.V., 2017].

In den letzten fünf Jahren ist die bereits in den 1980er Jahren geforderte Wende erneut Gegenstand der Sozialpolitik geworden. Themen wie der demografische Wandel, steigende Sozialausgaben und konkurrierende Unternehmen, zunehmende Staatsverschuldung, Berufsunfähigkeit aufgrund psychischer Krankheiten u.v.m. rücken in den Vordergrund sozialpolitischer Diskussionen. Neben diesen, eher großen Herausforderungen, sind auch kleinere Herausforderungen wie beispielsweise eine fehlende Transparenz über die Leistungen der fünf Sozialversicherungen, Kompetenzüberschneidungen sowie Unübersichtlichkeit dieser aufgrund einer Trägervielfalt und Komplexität der rechtlichen Ansprüche zunehmend Thema, was Leistungsberechtigte vielfach vor die Schwierigkeit stellt, ihre Rechte geltend zu machen. Hinzu werden auch die Welle der Geflüchteten seit dem Jahr 2015 sowie die Verbreitung des SARS-CoV-2 / COVID-19 (kurz: Corona-Virus) seit Februar 2020 zukünftig Themen sozialpolitischer Diskussionen sein, wodurch das Bestehen und die Funktionalität des Sozialversicherungssystems weiter verändert und der aktuellen Zeit angepasst wird [vgl. Althammer und Lampert, 2014: S. 109-108 und Bundesministerium für Wirtschaft und Energie, 2020].

3. Die fünf Sozialversicherungen

Die Gesetzliche Kranken-, Arbeitslosen-, Renten-, Unfall- und Pflegeversicherung bilden heute fünf Säulen der Sozialversicherung in der Bundesrepublik Deutschland. Das Fundament aller Sozialversicherungen sind die Sozialgesetzbücher und das sogenannte Solidaritätsprinzip. Hierunter wird ein Prinzip verstanden, bei dem Menschen solidarisch (=gemeinschaftlich) füreinander einstehen und sich gegenseitig unterstützen. Egal welchen Beruf man selbst ausübt oder ob man viel, wenig oder kein Geld verdient: Jeder soll gleich abgesichert sein. Daher zahlt jeder Arbeitnehmer von seinem monatlichen Gehalt (=Bruttolohn) prozentuale Beiträge zur Sozialversicherung. Sind diese bezahlt und einige weitere Steuern abgezogen, so ist das Ergebnis das Nettogehalt, welches als Lohn ausbezahlt wird. Je mehr Geld man verdient, desto höher ist der Beitrag. Aber nur bis zu einem bestimmten Punkt: Der sogenannten *„Beitragsbemessungsgrenze"*. Überschreitet der Bruttolohn diese Grenze, so erhöhen sich die Beiträge nicht, sondern bleiben konstant [vgl. Sommer, 2010: S. 62-63 und Althammer und Lampert, 2014: S. 248].

Tabelle 1: Beitragsbemessungsgrenzen 2020 in Euro

Gesetzliche Versicherung	Monatlich/€	Jährlich/€
Krankenversicherung / Pflegeversicherung	4.687,50 €	65.250,00 €
Arbeitslosenversicherung / Rentenversicherung (Westdeutschland)	6.900,00 €	82.800,00 €
Arbeitslosenversicherung / Rentenversicherung (Ostdeutschland)	6.450,00 €	77.400,00 €

Quelle: Eigene Darstellung in Anlehnung an Techniker Krankenkasse, 2020

Sobald ein Versicherter leistungsberechtigt ist, also das Rentenalter erreicht, arbeitslos, krank oder pflegebedürftig wird, so werden die bereits eingenommenen und monatlich folgenden Beiträge umverteilt. Das hier angewendete *„Umlageverfahren"* ist Bestandteil des Sozialversicherungssystems und umfasst jede Sozialversicherung; auch die Unfallversicherung, wobei die Beiträge zu dieser nicht durch die Arbeitnehmer, sondern durch den Arbeitgeber und öffentliche Mittel gezahlt werden. Die Kernprinzipien sind demnach *„Versicherung, Versorgung, Fürsorge"* [vgl. Althammer und Lampert, 2014: S. 248].

21

Die Bevölkerung der Bundesrepublik Deutschland verändert sich seit einigen Jahren zunehmend: Die Zahl der Geburten geht von Jahr zu Jahr zurück, wodurch eine „Lücke" zwischen Jung und Alt entsteht, die zunehmend größer wird. In nicht einmal 10 Jahren wird eine deutlich kleinere Gruppe junger Menschen einer großen Gruppe älterer Menschen gegenüberstehen, was die Funktionalität des Umlageverfahrens stark einschränken wird. Zudem wird das Umlageverfahren in den kommenden Jahren durch einen enormen Wegfall von Arbeitskräften herausgefordert werden, der sich aufgrund des Babybooms in den 1960er Jahren vollziehen wird (vgl. Kapitel 2.5). Daneben steigen aufgrund des medizinischen Fortschritts zudem die Qualität der Gesundheitsleistungen und folglich auch die Lebensjahre der Versicherten. Beide Aspekte haben besonders auf die Gesetzliche Kranken-, Pflege- und Rentenversicherung fundamentale Auswirkungen [vgl. Fischer, 2020: S. 18, 48].

Auf den folgenden Seiten wird jede der fünf Sozialversicherungen näher betrachtet. Alle Beitragssätze und Zahlenwerte sind für das Jahr 2020 bestimmt und ändern sich in unregelmäßigen Abständen von Jahr zu Jahr.

3.1 Die Gesetzliche Krankenversicherung

Die Gesetzliche Krankenversicherung (kurz: GKV) wurde 1883 eingeführt (vgl. Kapitel 2.1) und hat sich im Wandel der Zeit in ihrem Bestehen und ihren Strukturen verändert. Rechtliche Grundlage der GKV bietet das fünfte Sozialgesetzbuch. Die Zielsetzung der GKV ist, Krankheiten präventiv zu verhindern oder bei einer Erkrankung die Behandlung zu sichern bzw. etwaige gesundheitliche und wirtschaftliche Folgen zu minimieren. Dabei wird eine gleichmäßige, ausreichende, zweckmäßige und wirtschaftliche Versorgung der Kassenmitglieder angestrebt. Die gesetzloche Krankenversicherung zeigt sich in Gestalt von Krankenkassen und weiteren verschiedenen Gesundheitseinrichtungen. Aus dem Vergleich der vergangenen Jahre geht hervor, dass die GKV eine jährliche Zunahme von Versicherten hat. Im Jahr 2013 waren es 68,4 Millionen Versicherte, im Jahr 2018 waren es 72,4 Millionen Versicherte [vgl. Bundesministerium für Gesundheit, 2018 und Althammer und Lampert, 2014: S. 263].

3.1.1 Formen der Mitgliedschaft

Abbildung 1: Die Gesetzliche Krankenversicherung

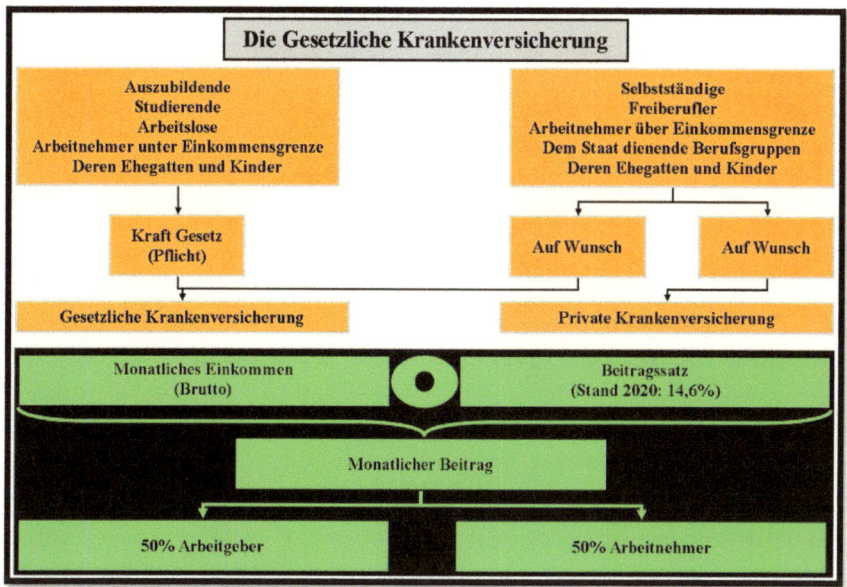

Quelle: Eigene Darstellung in Anlehnung an Deutsche Akademie für Vermögensberatung e.V., 2017

Die oben stehende Grafik zeigt die Formen der Mitgliedschaft und die dafür relevanten Voraussetzungen. Es wird unterschieden zwischen Mitgliedern, die zur Mitgliedschaft *gesetzlich* verpflichtet sind und solchen, die auf Wunsch *freiwillig* Mitglied sind. Der monatliche Beitragssatz berechnet sich aus dem monatlichen Bruttoeinkommen multipliziert mit dem Beitragssatz (Stand 2020: 14,6%). Der sich daraus ergebene Geldwert wird vom Arbeitgeber und Arbeitnehmer zu je 50% getragen. Für geringfügig Beschäftigte (=Minijob) wird ein Beitragssatz von 13% erhoben. Für Studierende, die keiner sozialversicherungspflichtigen Tätigkeit nachgehen, sind entweder über die Familie versichert oder müssen ab Vollendung des 25. Lebensjahres die Beiträge zu einer studentischen Krankenversicherung komplett selbst tragen [vgl. Techniker Krankenkasse, 2020].

In der GKV existiert, genau wie in der Gesetzlichen Pflege-, Renten- und Arbeitslosenversicherung eine Einkommensgrenze bzw. Beitragsbemessungsgrenze

(Stand 2020: 65.250€/Jahr bzw. 4.687,50€/Monat). Überschreitet der monatliche Bruttolohn diese Grenze, so wird der darüber liegende Geldbetrag nicht zur Berechnung des monatlichen Beitrages verwendet und ist frei von steuerlichen Abgaben (vgl. Kapitel 3). Hinzu kommt eine weitere sogenannte *„Versicherungspflichtgrenze"*, die allein bei der GKV existiert. Dabei handelt es sich ebenfalls um eine Einkommensgrenze (Stand 2020: 62.550€/Jahr bzw. 5.212,50€/Monat). Überschreitet der monatliche Bruttolohn diese Grenze, so ist der Arbeitnehmer nicht mehr zur Mitgliedschaft in der GKV kraft Gesetz verpflichtet und kann frei zwischen *Gesetzlicher* oder *Privater* Krankenversicherung wählen. Menschen, die dem Staat dienen (z.B. Beamte, Soldaten, Politiker), sind in der Regel an eine private Krankenversicherung angeschlossen, es sei denn sie beantragen die Aufnahme in die GKV [vgl. Explainity GmbH, 2011 und Kapitel 3].

3.1.2 Leistungen für Versicherte

Versicherte der GKV besitzen rechtlichen Anspruch auf verschiedene Leistungen. Allgemein soll dabei eine *„[...] gleichmäßige, ausreichende, zweckmäßige und wirtschaftliche Versorgung der Kassenmitglieder [...]"* [Althammer und Lampert, 2014: S. 263] sichergestellt werden. Speziell bei Arznei-, Heil- und Verbandmitteln haben die Versicherten i.d.R. eine zusätzliche Selbstbeteiligung von 10%, mindestens 5€ und höchstens 10€, zu zahlen. Für Kinder und Jugendliche entfällt diese Selbstbeteiligung.

Zu den Leistungen der GKV zählen [vgl. Althammer und Lampert, 2014: S. 260-262]

- **Vor der Erkrankung:** Früherkennung und Prävention verschiedener Krankheiten (z.B. Vorsorgeuntersuchungen auf Herz-, Kreislauf-, Zucker- und Krebserkrankungen sowie jährliche Zahnarztbesuche),
- **Während einer Erkrankung:** Behandlung von Krankheiten (z.B. von Kopf-, Hals- und Gliederschmerzen beim Hausarzt bis hin zur Krankenhausbehandlung) und Einkommenshilfen (Wenn Versicherte aus gesundheitlichen Gründen nicht arbeiten können, so hat der Arbeitgeber für 6 Wochen eine Lohnfortzahlung zu leisten. Nach Ablauf dieser 6 Wochen hat die GKV eine Art *„Lohnfortzahlungsersatz"* zu leisten. Das sog. Krankengeld beträgt maximal 70% des normalen Bruttolohns wird für höchstens 78 Wochen gezahlt),

- **Besonderheiten:** Fahrtkostenübernahme (bei Fahrten, die aus zwingend medizinischen Gründen notwendig sind) und Mutterschaftshilfe (volle ärztliche und stationäre Betreuung und Beratung bei der Schwangerschaft).

3.1.3 Zentrale Herausforderungen

Die GKV finanziert sich im Wesentlichen aus Beiträgen der Versicherten (Arbeitnehmer, Rentner und sonstigen Versicherungsberechtigten), Beiträgen der Arbeitgeber und Beiträgen aus Rentenversicherung, Bundeszuschüssen und sonstigen Quellen. Seit mehreren Jahrzehnten jedoch hat die GKV mit der Zunahme von Kosten für ihre Versicherten zu kämpfen. Die folgende Grafik soll einen vereinfachten Einblick über diese Kostenzunahme geben:

Abbildung 2: Ausgaben der Gesetzlichen Krankenkasse im Jahresverlauf

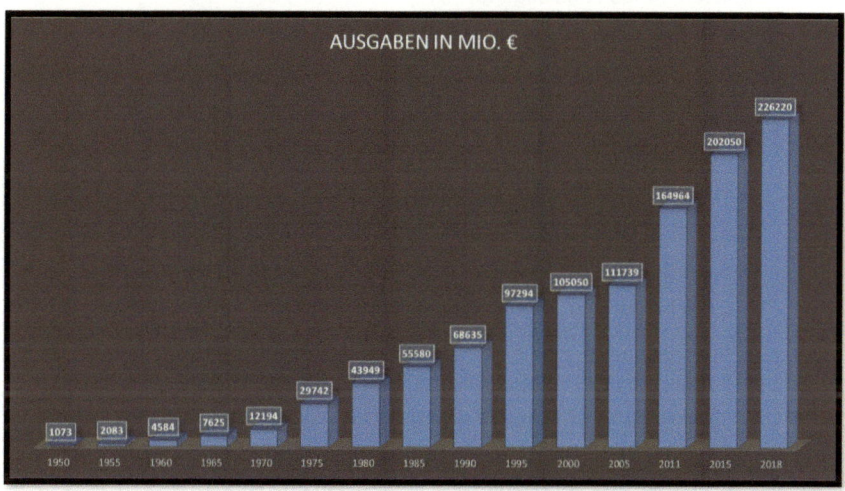

Quelle: Eigene Darstellung in Anlehnung an Althammer und Lampert, 2014: S. 264 und GKV-Spitzenverband, 2020b

Aus der Grafik wird erkennbar, dass in den Jahren 1960-1975 die Kosten um das sechsfache gestiegen sind, sich in den Jahren 1975-1990 vervierfacht haben und in den Jahren 1991-2011 nochmals verdoppelt haben. Dieser kontinuierliche Anstieg, auch bedingt durch die Zunahme der Versichertenzahl, zeigt, dass die GKV seit mehreren Jahrzehnten reformbedürftig ist. Der Kostenanstieg resultiert aus den Herausforderungen der heutigen Zeit:

- **Demografischer Wandel und medizinischer Fortschritt:** Zu den Ausführungen aus Kapitel 3 ist zu ergänzen, dass dieser doch positive Fakt die Funktionalität der GKV zunehmend negativ beeinflusst. Mit höherem Alter steigen die Erkrankungshäufigkeiten, die Arztbesuche und die Menge an Gesundheitsleistungen, die wir über einen längeren Zeitraum in steigendem Umfang in Anspruch nehmen. So tragen immer weniger junge Menschen die Leistungen, die die alten Menschen benötigen. Zunehmend ist auch die Multimorbidität (=gleichzeitiges Bestehen mehrerer Krankheiten) und die Veränderung der Krankheitsbilder eine Herausforderung [vgl. Fischer, 2020: S. 48 und Explainity GmbH, 2011 und Bundesministerium für Familie, Senioren, Frauen und Jugend, 2019].

- **Dezimierung der Krankenkassen:** Damit eine Krankenkasse Bestand hat, muss sie die vorgeschriebenen Leistungen des Gesetzgebers erfüllen und sich selbst am Markt behaupten können. Spätestens seit der, am 01.01.1996 erlaubten, freien Kassenwahl ist der Kampf ums wirtschaftliche Überleben bei den Gesetzlichen Krankenkassen in den Vordergrund gerückt. Seit dem Jahr 2009 ist zudem eine Versicherungspflicht vorgeschrieben, die eine Mitgliedschaft in einer *Gesetzlichen* oder *Privaten* Krankenkasse rechtlich vorschreibt. So sind in Deutschland rund 90 Prozent der Bevölkerung in einer Gesetzlichen Krankenkasse versichert (Stand 2020: ca. 73 Millionen Menschen). Das sich viele dieser in den vergangenen Jahrzehnten aufgrund des Wettbewerbs am Markt nicht behaupten konnten, liegt auf der Hand und spiegelt sich in den Zahlen wieder: 1970 gab es noch über 1800, 1995 waren es etwas mehr als 950, 2008 etwas mehr als 220 und seit der Zählung im Januar 2020 sind es nur noch 105. Der Einfluss moderner Medien (z.B. Vergleichsportale im Internet) bedingt diese Entwicklung ebenfalls. Die Dezimierung der Gesetzlichen Krankenkassen hat zur Folge, dass die Kosten der 73 Millionen Menschen nicht mehr auf verschiedene Kassen aufgeteilt, sondern von nur noch wenigen Krankenkassen übernommen werden müssen [vgl. GKV-Spitzenverband, 2020a und Althammer und Lampert, 2014: S. 264-266].

26

- **Grundversorgung und Fallpauschale:** Die GKV stellt im Falle eines Leistungsbedarfes die Grundversorgung ihrer Mitglieder sicher. Um diese Grundversorgung zu erweitern, bedarf es entweder einer Zusatzversicherung oder eines Wechsels zu der Krankenkasse, die einen erweiterten Versicherungsschutz für die Versicherten anbietet. Beides erhöht den Wettbewerbsdruck und auch die Konkurrenz unter den Krankenkassen selbst. Hinzu kommt das, im Jahr 2000 durch den Bundestag, beschlossene Fallpauschalengesetz. Hiernach hat die GKV für jede Krankheit einen festgelegten Beitrag zur Verfügung zu stellen, mit dem alle Leistungen zur Behandlung dieser Krankheit bezahlt werden sollen. Übersteigen die Kosten für die Behandlung der Krankheit den erhaltenen Beitrag der GKV, so machen Einrichtungen der Krankenfürsorge wirtschaftlichen Verlust. Im Krankenhaus beispielsweise kommt es zu *„blutigen Entlassungen"*, also einer frühzeitigen Entlassung des Patienten um Kosten fürs Krankenbett oder Verpflegung zu sparen und die Differenz von erhaltenen Beiträgen für den eigenen Betrieb nutzen zu können. Die hier eingesparten Kosten verlagern sich jedoch in Nachsorgeangebote. Die Gesetzlichen Krankenkassen versuchen daher mit Präventionsangeboten und Bonusprogrammen der Entstehung von Krankheiten vorzubeugen [vgl. Althammer und Lampert, 2014: S. 264-266 und Niermann, 2007].

- **Gestiegenes Gesundheitsbewusstsein und Non Compliance:** In der Bevölkerung lässt sich ein gestiegenes Gesundheitsbewusstsein verzeichnen. Menschen suchen oft auch bei Kleinigkeiten ärztliche Betreuung, wodurch die Nachfrage an medizinischem Personal sowie Verfügbarkeit von preisgünstigen Arzneimitteln steigt. So erhöhen sich von Jahr zu Jahr auch die Ausgaben der GKV für ärztliche Behandlungen und Arzneimittel. Daneben steigen die Kosten im Gesundheitsbereich auch durch die Non Compliance (=Nichteinhaltung) der Patienten. Diese halten die, vom Arzt angeordnete, Gesundheitsempfehlungen und verordnete Einnahme von Medikamenten nicht ein. Die Patienten besorgen sich zwar das verschriebene Arzneimittel in der Apotheke, nehmen das Medikament jedoch nicht oder setzen es frühzeitig ab, wenn die Symptome weg sind. Krankheiten bleiben somit über eine lange Zeit bestehen oder kehren schnell wieder zurück, wodurch der nächste

27

Arztbesuch zeitnah erfolgt und sich die Kosten erhöhen [vgl. GKV-Spitzenverband, 2020b und Schönig et al., 2018: S. 23-25].

- **Steuerungsmängel der GKV:** Die Versicherten erhalten durch ihren monatlichen Beitragssatz einen Anspruch auf weitgehend unentgeltliche ärztliche und medikamentöse Versorgung, Krankenhausbehandlung u.v.m. Zudem soll niemand von den Leistungen des Gesundheitssystems aufgrund zu geringer Kraft ausgeschlossen werden. Diese solidarische Einstellung hat einen ersten Steuerungsmangel zur Folge, durch den Versicherte, deren Bruttolohn über der Beitragsbemessungsgrenze liegt und mehr Geld als Nettolohn ausbezahlt bekommen (vgl. Kapitel 3), von solchen finanziert werden, die weniger verdienen. Da jedoch solche Gutverdiener prozentual einen wichtigen Teil der Beiträge beitragen, steht die Absicht im Vordergrund, die Funktionalität des Umlagesystems weiterhin zu sichern. An zweiter Stelle kommt hinzu, dass Gesundheit ein *„Vertrauensgut"* darstellt: Wir vertrauen der Information des Arztes, über Art und Umfang der medizinisch notwendigen Leistung. Ärzte bestimmen so mit ihrer Arbeit nicht nur das Leistungsangebot, sondern auch die Nachfrage nach Gesundheitsleistungen. Wenn wir also realistisch davon ausgehen, dass Ärzte ihre Tätigkeit mit einer einkommensinduzierten Absicht ausführen, so ist davon auszugehen, dass dieser wirtschaftliche Faktor zuweilen das notwendige Angebot überdeckt. Vereinfacht ausgedrückt: Der Arzt verkauft nicht notwendige medizinische Leistungen für notwendig, um selbst Gewinn zu erzielen oder vorgegebene Zahlen zu erreichen. Letzteres ist vor allem zum Ende des Jahres der Fall. Die GKV hat somit keine Kontrolle über die Richtigkeit der nahegelegten Angebote und erfährt hierdurch einen Steuerungsmangel, der die Ausgaben im Gesundheitswesen erhöht [vgl. Sommer, 2010: S. 131 und Althammer und Lampert, 2014: S. 266].

- **Psychische Belastungsfaktoren:** Nicht außer Acht zu lassen ist der Wandel unserer Leistungsgesellschaft in Bezug auf den Beruf. Viele Menschen erleben an ihren Arbeitsplätzen häufig emotionale Spannungen, Stress oder andere psychisch belastende Faktoren, durch die sie an ihre Belastungsgrenze stoßen. Nicht selten kommt es vor, dass diese psychisch-belastenden Faktoren auch physische Erkrankungen wie beispielsweise Kopfschmerzen, Muskelschmerzen, Schwindel oder auch Herzbeschwerden zur Folge haben. Die physische Erkrankung überdeckt dabei häufig die psychische Ursache, wodurch eine falsche ärztliche Diagnose und Behandlung zu Stande kommt und sich langfristig die Kosten erhöhen, weil die Ursache für den Schmerz nicht gefunden wird. Die zunehmenden Ausfälle im Job sorgen für zusätzlichen Stress und bringen eine Teufelsspirale in Gang, die bis zum Burnout führen kann [vgl. Max-Planck-Institut für Psychiatrie, 2017].

3.2 Die Gesetzliche Pflegeversicherung

Die soziale bzw. Gesetzliche Pflegeversicherung (kurz: GPV) wurde 1995 eingeführt (vgl. Kapitel 2.5) und hat sich im Wandel der Zeit in ihrem Bestehen und ihren Strukturen verändert. Rechtliche Grundlage der GPV bietet das elfte Sozialgesetzbuch. Hieraus entsteht die Pflicht, sich gegen das Risiko der Pflegebedürftigkeit abzusichern. Die Zielsetzung der GPV ist, Präventions- und Rehabilitationsmaßnahmen zur Vermeidung von Pflegebedürftigkeit anzubieten und durchzuführen oder Pflegeleistungen bereitzustellen, wenn Bürger nicht mehr in der Lage sind, alltägliche Aufgaben ohne fremde Hilfe zu erfüllen. Das Risiko und die Wahrscheinlichkeit pflegebedürftig zu werden, steigen mit zunehmendem Alter. In der Regel steigt mit zunehmendem Alter auch der Grad der Pflegebedürftigkeit, welcher einer von fünf Pflegestufen zugeordnet wird und so über die, von den Pflegekassen zu erhaltenen, Leistungen bestimmt. Diese Festlegung des Pflegegrades sowie die Qualitätsprüfung von Pflegekassen und deren Kooperationspartnern erfolgt bei *gesetzlich* Versicherten durch den Medizinischen Dienst der Krankenkassen (kurz: MDK) und bei *privat* Versicherten durch die Medicator AG. Beide haben identische Richtlinien. Die Zahl der Versicherten erhöhte sich von 69,7 Millionen im Jahr 2012 auf 72,8 Millionen Menschen im Jahr 2018. Auch die Ausgaben der GPV erfahren seit mehreren Jahrzehnten einen kontinuierlichen Anstieg und beliefen sich im Vergleich zum Jahr 2007 mit 17,46 Millionen Euro im Jahr 2018 auf 38,25 Millionen Euro. Um die Leistungen erbringen zu können, kooperieren (=zusammenarbeiten) die Pflegekassen mit Pflegeheimen, Sozialstationen und ambulante Pflegediensten [vgl. Althammer und Lampert, 2014: S. 274-275 und Bundesministerium für Gesundheit, 2020a und Bundesministerium für Gesundheit, 2019b].

29

3.2.1 Formen der Mitgliedschaft

Abbildung 3: Die Gesetzliche Pflegeversicherung

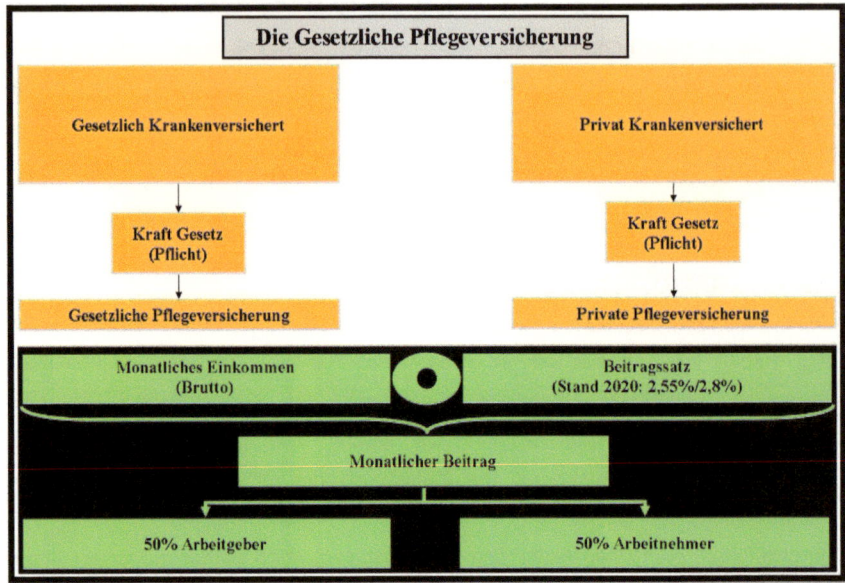

Quelle: Eigene Darstellung in Anlehnung an Deutsche Akademie für Vermögensberatung e.V., 2017

Die oben stehende Grafik zeigt die bereits in Kapitel 2.5 und Kapitel 3.1.1 erwähnte Verbundenheit von GKV und GPV: Die Art der Versicherung im Krankenbereich bestimmt die Art der Versicherung im Pflegebereich. Der monatliche Beitragssatz berechnet sich aus dem monatlichen Bruttoeinkommen multipliziert mit dem Beitragssatz (Stand 2020: 2,55% bzw. bei kinderlosen Versicherten 2,8%). Der sich daraus ergebene Geldwert wird vom Arbeitgeber und Arbeitnehmer zu je 50% getragen.

In der GPV existiert, genau wie in der Gesetzlichen Kranken-, Renten- und Arbeitslosenversicherung eine Einkommensgrenze bzw. Beitragsbemessungsgrenze (Stand 2020: 65.250€/Jahr bzw. 4.687,50€/Monat). Überschreitet der monatliche Bruttolohn diese Grenze, so wird der darüber liegende Geldbetrag nicht zur Berechnung des monatlichen Beitrages verwendet und ist frei von steuerlichen Abgaben [vgl. Kapitel 3].

30

3.2.2 Leistungen für Versicherte

Versicherte der GPV besitzen rechtlichen Anspruch auf verschiedene Leistungen. Wie bereits erwähnt, bestimmt der Grad der Pflegebedürftigkeit die zu erhaltenen Leistungen der Pflegekasse. Generell gilt: Präventions- und Rehabilitations-maßnahmen zur Vermeidung von Pflegebedürftigkeit haben Vorrang vor Pflegeleistungen. Zum Jahr 2017 wurden drei Pflegestufen durch fünf Pflegegrade ersetzt, die nun abgesehen von körperlichen auch psychische und geistige Beeinträchtigungen berücksichtigen sollen. Folgende Tabelle gibt zu den monatlichen Leistungen der GPV einen näheren Überblick:

Tabelle 2: Monatliche Leistungen der Gesetzlichen Pflegeversicherung seit 2017

Pflegegrad	Ambulante Pflege		Stationäre Pflege
	Geldleistung (Pflegegeld)	Sachleistung (Pflegedienst)	Sachleistung (Pflegeheim)
Pflegegrad 1	0 €	0 €	125 €
Pflegegrad 2	316 €	689 €	770 €
Pflegegrad 3	545 €	1.298 €	1.262 €
Pflegegrad 4	728 €	1.612 €	1.775 €
Pflegegrad 5	901 €	1.995 €	2.005 €
Entlastungsbeitrag	bis zu 125€ (zweckgebunden)		

Quelle: Eigene Darstellung in Anlehnung an Bundesministerium für Gesundheit, 2017

Grundsätzlich haben die Pflegebedürftigen die freie Wahl, ob sie ambulante oder stationäre Pflege erhalten möchten. In der ambulanten Pflege ist die Kombination von Geld- und Sachleistungen möglich. So kann es oftmals effektiver sein, einen Verwandten bei sich zu Hause zu pflegen, da die Kosten der stationären Pflege zuweilen höher sind als die Leistungen der Gesetzlichen Pflegeversicherung. Inwiefern dies jedoch möglich ist, wenn Familien durch ihre Arbeit keine Zeit für ihre Angehörigen haben, muss im Einzelfall entschieden werden. Der Gesetzgeber ist dazu verpflichtet, die Höhe der Leistungen alle drei Jahre zu überprüfen und an die wirtschaftliche, demografische und soziale Entwicklung anzupassen [vgl. Althammer und Lampert, 2014: S. 277-278 und Bundesministerium für Gesundheit, 2017].

3.2.3 Zentrale Herausforderungen

Diese Entwicklungen stellen ebenfalls zentrale Herausforderungen in der heutigen Zeit dar. Der jüngste Zweig aller fünf Sozialversicherungen basiert auf einem veralteten System, wodurch wiederkehrend die Ausbildung von neuem Personal, die gerechte und angemessene Lohnzahlung der Fachkräfte und letztlich auch die Arbeitsüberlastung in den Fokus politischer und sozialer Diskussionen rückt. Daneben begegnet die GPV einigen weiteren Herausforderungen:

- **Demografischer Wandel und medizinischer Fortschritt:** Zu den Ausführungen aus Kapitel 3 ist zu ergänzen, dass dieser doch positive Fakt die Funktionalität der GPV zunehmend negativ beeinflusst. Mit höherem Alter steigen das Risiko und die Wahrscheinlichkeit pflegebedürftig zu werden sowie die Pflegestufe und damit auch die Kosten für die Pflegekassen. Dies spiegelt sich auch in den Zahlen wieder:

Tabelle 3: Leistungsbezieher der GPV im Jahresvergleich

Kategorie	2012	2018
Versicherte Menschen in der GPV / in Millionen	69,9	72,7
Pflegebedürftige Menschen Gesamt / in Millionen	2,5	3,9
Pflegebedürftige Menschen in GPV / in Millionen	2,4	3,6
Pflege in privaten Haushalten / in Millionen	1,7	2,9
Pflege in stationärer Unterbringung / in Millionen	0,7	0,4

Quelle: Eigene Darstellung in Anlehnung an Bundesministerium für Gesundheit, 2020b und Althammer und Lampert, 2014: S. 275

Um die Folgen des demografischen Wandels so gut wie möglich abzudämpfen, wurde die GPV zunächst mehrfach reformiert, der Beitragssatz um 0,1% erhöht und diese zusätzlichen Mittel (rund 1,2 Mrd.€) in einen Pflegevorsorgefond bei der Deutschen Bundesbank eingezahlt. Dieses zusätzliche Kapital soll bis 2035 vermehrt und anschließend über 20 Jahre abgeschmolzen werden, um weitere Belastungen des Systems auszuschließen. So soll auch die Berücksichtigung von psychischen und geistigen Beeinträchtigungen ermöglicht werden. In der praktischen Arbeit führt dies zu einer zunehmenden Arbeitsintensität, nicht zuletzt auch aufgrund fehlender Fachkräfte [vgl. Althammer und Lampert, 2014: S. 278-282 und Bundesministerium für Gesundheit, 2020a].

- **Konzept und Struktur der GPV:** Die Gesetzliche Pflegeversicherung ist als eine Art *„Teilkaskoversicherung"* konzipiert, d.h. sie übernimmt nur einen bestimmten Anteil der entstehenden Kosten. Die restlichen Kosten müssen entweder durch eine private Zusatzversicherung oder den Einsatz von privatem Vermögen gedeckt werden. Um die Leistungen der GPV zu ergänzen und mögliche Versorgungslücken zu schließen bzw. zu verkleinern, wird der Abschluss einer zusätzlichen privaten Pflegeversicherung staatlich bezuschusst. Das Konzept dieser *„Pflege-Bahr"* ähnelt dem der Riesterrente (vgl. Kapitel 2.5) und soll zudem die Bereitschaft der Bevölkerung erhöhen, privat für einen Pflegefall vorzusorgen. Nichtsdestotrotz wird die Höhe der Pflegekosten auch zukünftig durch die Verfügbarkeit von ambulanten und stationären Pflegekräften, der demografischen sowie wirtschaftlichen Entwicklung und der Konkurrenz der Leistungsanbieter beeinflusst werden [vgl. Althammer und Lampert, 2014: S. 277, 278].

- **Umstellung von Pflegestufe zum Pflegegrad:** Im Jahr 2017 wurden aus den Pflegestufen die Pflegegrade. Vor allem psychische Erkrankungen, wie beispielsweise Demenz, sollen hierdurch stärkere Unterstützung erfahren. Auch wenn in der Praxis noch häufig nach den alt-festgelegten Pflegestufen abgerechnet wird, sind die fünf Pflegegrade zunehmend präsent. Die Einstufung in den jeweiligen Pflegegrad erfolgt nach einem Punktesystem, welches sowohl psychische als auch physische Erkrankungen umfassen soll. In der Praxis jedoch erfasst dieses Punktesystem aufgrund der Fusion von psychischen und physischen Erkrankungen mehr allgemeingültige als individuelle Bedürfnisse. Folglich braucht eine Person häufig mehr Pflege, als der Pflegegrad erfasst. Neben der sozialen Herausforderung des Pflegepersonals müssen zudem weitere Kosten aufgewendet werden, um eine umfassende Pflege zu gewährleisten. Sowohl für die Begutachtenden als auch für die Bedürftigen stellt dies eine große Herausforderung dar [vgl. Verein Für soziales Leben e.V., o.J. und Bundesministerium für Gesundheit, 2019a: S. 21-23].

- **Vermarktwirtschaftlichung des Pflegesektors:** Aufgrund gesellschaftlicher Entwicklungen ist die Bedeutung des Pflegesektors zunehmend groß. Durch die steigende Zahl von Unternehmen für Pflegedienstleistungen erhöht sich die Konkurrenz innerhalb des Sektors. Damit einhergehend lässt sich ein Anstieg der Pflegekosten verzeichnen, der neben jener Konkurrenz auch aus der geringen Verfügbarkeit von Fachkräften resultiert, welche ebenfalls zu verzeichnen ist. Die Caritas Altenhilfe setzt die monatlichen Kosten für stationäre Pflege zwischen 1.800€ und 3.990€ fest. Mit Blick auf die in Tabelle 2 dargestellten Leistungen der GPV wird deutlich, dass die Kosten von ambulanten Pflegeleistungen annähernd komplett gedeckt werden können, während die Kosten stationärer Pflege zum Teil nur mit monatlichen Zuzahlungen zu decken sind. Abgesehen davon wird mit Blick auf die Pflegekräfte ein intensiver, hektischer und gesundheitlich belastender Arbeitsalltag erkennbar; resultierend aus jenem *Fachkräftemangel*, geringem monatlichen Bruttolohn und vermehrt ökonomischem Denken. Auch wenn ein Unternehmen seine Betriebskosten decken muss um marktfähig bleiben zu können, was notwendigerweise den Fokus auf Zahlen und Gelder lenkt, sollte fernab von ökonomischen Überlegungen die Ethik und Menschlichkeit nicht weichen müssen [vgl. Fischer, 2020: S. 11 und Caritas Altenhilfe, 2020].

3.3 Die Gesetzliche Rentenversicherung

Die Gesetzliche Rentenversicherung (kurz: GRV) wurde 1889 eingeführt (vgl. Kapitel 2.1) und hat sich im Wandel der Zeit in ihrem Bestehen und ihren Strukturen verändert. Rechtliche Grundlage der GRV bietet das sechste Sozialgesetzbuch. Die Zielsetzung der GRV ist, die Arbeitsfähigkeit der Bürger zu erhalten, zu verbessern, wiederzustellen oder ausgefallenes Arbeitseinkommen in Form von Rentenzahlungen zu ersetzen; also die Grundversorgung der Bürger zu sichern. Träger der GRV ist die Deutsche Rentenversicherung (kurz: DRV). Aus dem Jahresbericht der DRV geht hervor, dass Ende 2016 für ca. 54,45 Millionen Versicherte Rentenkonten geführt wurden, die noch keine Renten erhielten. Von diesen waren 30,5 Millionen zur Mitgliedschaft verpflichtet. Darin inbegriffen waren ca. 16,8 Millionen Versicherte, die passiv versichert sind; also solche die in der Vergangenheit bereits einmal rentenversicherungspflichtig gewesen sind, nun aber keine Beiträge mehr entrichten, weil sich ihre berufliche Situation verändert hat (beispielsweise Beamte, Selbstständige oder Hausfrauen). Nicht eingeschlossen sind hier die Zahlen der Versicherten, die Renten erhalten [vgl. Deutsche Rentenversicherung, 2018: S. 18].

3.3.1 Formen der Mitgliedschaft

Abbildung 4: Die Gesetzliche Rentenversicherung

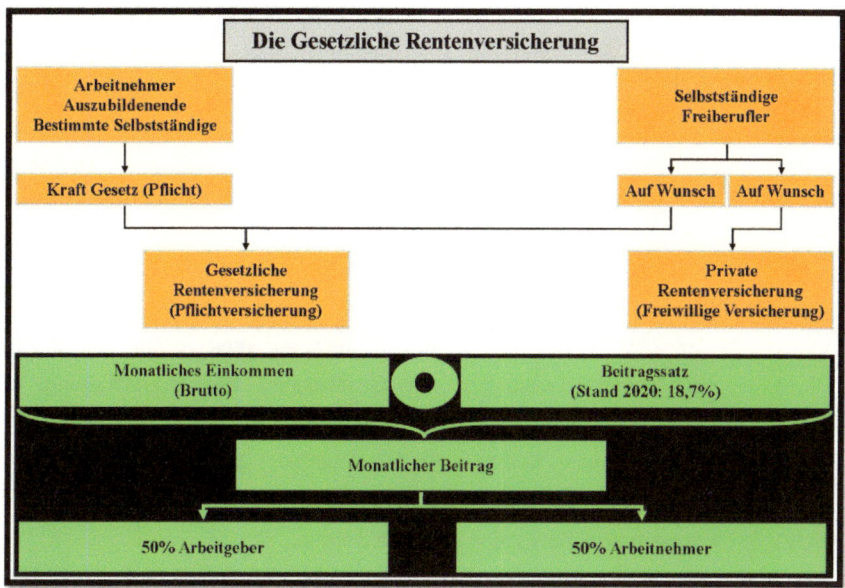

Quelle: Eigene Darstellung in Anlehnung an Deutsche Akademie für Vermögensberatung e.V., 2017

Die oben stehende Grafik zeigt die Formen der Mitgliedschaft und die dafür relevanten Voraussetzungen. Es wird unterschieden zwischen Mitgliedern, die zur Mitgliedschaft *gesetzlich* verpflichtet sind und solchen, die auf Wunsch *freiwillig* Mitglied sind. Der monatliche Beitragssatz berechnet sich aus dem monatlichen Bruttoeinkommen multipliziert mit dem Beitragssatz (Stand 2020: 18,7%). Der sich daraus ergebene Geldwert wird vom Arbeitgeber und Arbeitnehmer zu je 50% getragen. Selbstständige versichern sich in der Regel in einer privaten Rentenversicherung, haben jedoch die Möglichkeit auf Wunsch der Gesetzlichen Rentenversicherung beizutreten; müssen dann allerdings die monatlichen Beiträge zu 100% tragen. Bestimmte Selbstständige (z.B. Handwerker, Künstler, Lehrer oder Selbstständige mit nur einem Auftraggeber) sind jedoch von vornherein versicherungspflichtig. In der GRV existiert, genau wie in der Gesetzlichen Kranken-, Pflege- und Arbeitslosenversicherung, eine Einkommensgrenze bzw. Beitragsbemessungsgrenze (Stand 2020: 82.800€/Jahr bzw. 6.900,00€/Monat in Westdeutschland und 77.400€/Jahr bzw. 6.450,00€/Monat in Ostdeutschland). Überschreitet der monatliche Bruttolohn diese Grenze, so wird der darüber liegende Geldbetrag nicht zur Berechnung des monatlichen Beitrages verwendet und ist frei von steuerlichen Abgaben (vgl. Kapitel 3). Für Menschen, die dem Staat dienen (z.B. Beamte, Soldaten, Politiker), wird durch eine Pension in der Regel extra gesorgt, welche ausschließlich aus öffentlichen Mitteln finanziert wird [vgl. Techniker Krankenkasse, 2020 und Althammer und Lampert, 2014: S. 285-286, 304-305 und Deutsche Rentenversicherung, o.J.c].

3.3.2 Leistungen für Versicherte

Versicherte der GRV besitzen rechtlichen Anspruch auf verschiedene Leistungen. Diese zu erbringenden Leistungen der Gesetzlichen Rentenversicherung, in Trägerschaft der Deutschen Rentenversicherung, finanzieren sich durch den prozentualen monatlichen Beitrag der Versicherten, Bundeszuschüssen und Beiträgen der Träger von Lohnersatzleistungen (Bundesagentur für Arbeit, GKV und GUV). Sie können in zwei Kategorien eingeteilt werden:

Die erste Kategorie umfasst alle Leistungen zur Erhaltung, Besserung und Wiederherstellung der Erwerbsfähigkeit:

- Im Falle vorzeitiger Verringerung oder dem Verlust der Erwerbsfähigkeit bietet die DRV verschiedene medizinische Rehabilitationsleistungen. Hierzu zählen beispielsweise ärztliche und therapeutische Betreuung in Kur- oder Spezialeinrichtungen sowie ein Übergangsgeld in Höhe von 68-75% der Berechnungsgrundlage (=80% des Bruttoarbeitsgeldes) und berufsfördernde Leistungen (also Fortbildung, Ausbildung und sonstige Hilfen zur Arbeits- und Berufsförderung) an. Voraussetzung hierfür ist die 15 jährige Mitgliedschaft in der GRV [vgl. Althammer und Lampert, 2014: S. 286-287 und Deutsche Rentenversicherung, o.J.a].

Die zweite Kategorie umfasst alle Leistungen zum Ersatz von ausgefallenem Arbeitseinkommen in Form von Rentenzahlungen:

- An erster Stelle steht die Regelaltersrente. Beim Erreichen der Altersgrenze wird der Anspruch auf Regelaltersrente automatisch geltend gemacht. Diese Altersgrenze wird seit 2012 bis 2029 schrittweise von 65 auf 67 erhöht, um den Folgen des demografischen Wandels und erhöter Lebenserwartung entgegen zu wirken. Die Rentenansprüche werden durch die DRV berechnet (ca. 42% des Nettoeinkommens) und bis zum Tod ausbezahlt. Unter bestimmten Voraussetzungen besteht bereits in früheren Lebensjahren Anspruch auf die Regelaltersrente. Hat der Versicherte das 63. Lebensjahr erreicht und ist mindestens 35 Jahre versichert gewesen, so hat er Anspruch auf Rentenleistungen, die jedoch mit einem Abschlag in Höhe von 0,3% pro Monat bis zur geltenden Altersgrenze versehen sind. Hat der Versicherte allerdings das 63. Lebensjahr erreicht und bereits 45 Jahre Beiträge gezahlt, erhält dieser Rentenleistungen ohne prozentuale Abzüge [vgl. Althammer und Lampert, 2014: S. 305 und Bundesministerium für Arbeit und Soziales, 2017].

- Im Falle einer dauerhaften Erwerbsminderung noch vor dem Anspruch auf die Regelaltersrente können an zweiter Stelle sogenannte Erwerbsminderungs-renten lebenslang gezahlt werden. Voraussetzung hierfür sind mindestens fünf Versicherungsjahre sowie die Zahlung von Beiträgen aus mindestens drei dieser fünf Jahre. Generell gilt: medizinische Rehabilitationsleistungen und berufsfördernde Leistungen haben Vorrang vor Rentenzahlung. Die halbe Erwerbsminderungsrente liegt bei 17% des Nettoeinkommens, wenn die Person weiterhin zwischen 3-6 Stunden tägliche erwerbsfähig sein kann. Die volle Erwerbsminderungsrente liegt bei 33% des Nettoeinkommens, wenn die Person weniger als 3 Stunden täglich erwerbsfähig sein kann [vgl. Deutsche Rentenversicherung, o.J.a: Erwerbsminderungsrenten und Deutsche Akademie für Vermögensberatung, 2017].

- An dritter Stelle steht die Zahlung von Renten für Hinterbliebene. In den ersten drei Monaten nach dem Tod des Partners, steht dem hinterbliebenen Partner 100% des Bruttolohns zu. Ab dem vierten Monat hat der Hinterbliebene für weitere 24 Monate Anspruch auf die Zahlung einer *großen oder kleinen Witwenrente*, die abhängig von bereits bezogener Rente oder den bis dato gesammelten Rentenpunkten des Verstorbenen ist. Anspruch auf die große Witwenrente (Stand 2020: 55% der Rente des Verstorbenen) hat nur der Hinterbliebene, der das 47. Lebensjahr vollendet hat, nach dem Tod des Partners nicht wieder geheiratet hat oder eigene Kinder bzw. Kinder des verstorbenen Partners erzieht. In allen weiteren Fällen besteht Anspruch auf die kleine Witwenrente (Stand 2020: 25% der Rente des Verstorbenen). Hinzu gerechnet kommen *Waisenrenten* für hinterbliebene Kinder, Jugendliche und junge Erwachsene. Die Halbwaisenrente für solche, die ein Elternteil verloren haben (Stand 2020: 10% der Rente des Verstorbenen) und die Vollwaisenrente für solche, die beide Elternteile verloren haben (Stand 2020: 20% der Rente der Verstorbenen). Beide Renten werden bis zur Vollendung des 18. Lebensjahres bezahlt. Befindet sich der Waise in einer Schul- oder Berufsausbildung, leistet einen Freiwilligendienst oder besitzt eine Behinderung wodurch er sich nicht selbst versorgen kann, wird die Rente längstens bis zur Vollendung des 27. Lebensjahres gezahlt. Erfolgt der Tod im Arbeitskontext, so wird eine Rente mit anderen Zahlen durch die Gesetzliche Unfallversicherung bezahlt [vgl. Kapitel 3.5.2 und Deutsche Akademie für Vermögensberatung, 2017 und Deutsche Rentenversicherung, o.J.b].

3.3.3 Zentrale Herausforderungen

Auch die GRV begegnet einigen Herausforderungen in der heutigen Zeit:

- **Demografischer Wandel und medizinischer Fortschritt:** Zu den Ausführungen aus Kapitel 3 ist zu ergänzen, dass aus eben diesen Gründen die Regelaltersgrenze bis zum Jahr 2029 schrittweise auf 67. Jahren angehoben und zusätzlich das Sicherungsniveau der GRV bis zum Jahr 2025 schrittweise auf 46,2% reduziert wird, um den monatlichen Beitragssatz konstant halten zu können. Die Leistungen der GRV alleine sind damit nicht mehr Lebensstandard sichernd und führen zu einer Unterversorgung im Alter. Um den Lebensstandard im Alter aufrecht zu erhalten, ist daher der Abschluss einer zusätzlichen privaten oder betrieblichen Altersvorsorge (z.B. Riester-Rente) erforderlich [vgl. Althammer und Lampert, 2014: S. 296-297 und Bundesministerium für Arbeit und Soziales, 2017].

- **Unterversorgung im Alter:** Aufgrund der bereits angeführten Geschehnisse nimmt die Unterversorgung im Alter in Form von Armut zunehmend Gestalt an. Die Versicherungsleistungen der GRV reichen nicht aus, um das Existenzminimum zu decken. Zudem wird das alltägliche Leben immer teurer und die Löhne der Arbeitnehmer werden nicht an die Inflation angepasst. Folgend erhalten Rentner und Staat Beiträge, die zu niedrig sein werden und nicht dem Umlageverfahren entsprechen. Daneben folgt durch die Absenkung des allgemeinen Sicherungsniveaus in der Gesetzlichen Rentenversicherung besonders im Fall der vollen Erwerbsminderung das Problem, dass diese Personen keine Möglichkeit haben, den Verlust der ohnehin schon niedrigen Rente zu kompensieren. Abgesehen davon kann die Unterversorgung im Alter zukünftig vor allem bei Studierenden drohen, deren Studienzeit deutlich über den Regelfall hinausgeht, die währenddessen keiner sozialversicherungs-pflichtigen Tätigkeit nachgehen oder sich nicht durch private Zusatzvorsorgen absichern. Diese haben bis zur Altersgrenze weniger Beitragsjahre wodurch ihre Rentenbezüge geringer ausfallen werden. Als letzter Punkt ist die möglichst schnelle und zeitnahe Eingliederung von zugewanderten Menschen in den Arbeitsmarkt zu nennen, die nur kurzfristig einen Erfolg verspricht. Die Arbeitsplätze sind zwar besetzt und die Zahl der Beitragszahler erhöht, auf lange Sicht sind jedoch Höhe, Beitragsjahre und daher auch die zu erwartenden Rentenleistungen zu gering, um im Rentenalter versorgt zu sein [vgl. Althammer und Lampert, 2014: S. 296-297 und Deutsche Akademie für Vermögensberatung e.V., 2017].

- **Fehlinformationen in der Bevölkerung:** In der Bevölkerung ist die Annahme verbreitet, dass bereits 45 Beitragsjahre ausreichen um auch unabhängig einer Altersgrenze früher in Rente gehen zu können. Nach wie vor jedoch muss mindestens das 63. Lebensjahr, unabhängig der Beitragsjahre, erreicht werden. Ob diese Regelung auch in drei Jahrzehnten noch existent sein wird, bleibt fraglich. An zweiter fast wichtigerer Stelle kommt hinzu, dass die ausbezahlte Rente nicht 1:1 verwendet werden kann. Nach wie vor beträgt die Gesetzliche Rente ca. 42% vom Nettolohn. Von diesem Nettolohn, nicht Bruttolohn wie es bisher war, müssen Sozialabgaben wie Beiträge zur Krankenversicherung und Pflegeversicherung gezahlt und am Ende des Jahres zusätzlich die Gesamteinnahmen des Jahres versteuert werden. So wird die Höhe der Renten sowohl durch Beiträge zu Sozialversicherungen als auch durch die jährliche Einkommenssteuer und den jährlichen Solidaritätsbeitrag verringert. Mit besonderem Blick auf die Regelaltersrente können diese fehlenden oder falschen Informationen ebenfalls zur Unterversorgung im Alter führen [vgl. Lohnsteuerhilfeverein, 2020 und Infomagazin für Seniorenbedarf, o.J.].

- **Verschiedene Alterssicherungssysteme:** Historisch bedingt sind unterschiedliche Alterssicherungssysteme vorhanden, die sich in Bezug auf

Anspruchsvoraussetzungen, Finanzierungsmethoden sowie Höhe und Art der Leistungen unterschieden. So wird beispielsweise für Beamte im Rentenversicherungssystem durch eine Pension separat und unabhängig von der Gesetzlichen Sozialversicherung gesorgt. Mit Blick auf den Gleichbehandlungsgrundsatz und dem Ziel sozialer Gerechtigkeit widerspricht diese Tatsache diesem. Trotz eines, bereits im Jahr 1983 vorgelegten, Gutachtens mit dem Vorschlag auch Beamte schrittweise an der Finanzierung zu beteiligen, blieb eine Anpassung aus [vgl. Althammer und Lampert, 2014: S. 297-298 und Sommer, 2010: S. 131].

- **Psychische Belastungsfaktoren:** Nicht außer Acht zu lassen ist der Wandel unserer Leistungsgesellschaft in Bezug auf den Beruf. Viele Menschen erleben an ihren Arbeitsplätzen häufig emotionale Spannungen, Stress oder andere psychisch belastende Faktoren, durch die sie an ihre Belastungsgrenze stoßen. Nicht selten kommt es vor, dass diese psychisch-belastenden Faktoren auch physische Erkrankungen wie beispielsweise Kopfschmerzen, Muskelschmerzen, Schwindel oder auch Herzbeschwerden zur Folge haben. Zu vermuten ist daher eine Zunahme von Erwerbsminderungsrenten und Frührenten, die auf eine psychische Erkrankung zurückzuführen ist. Vor allem Bürger, die im Sozial- und Gesundheitswesen arbeiten, sind hiervon betroffen [vgl. Max-Planck-Institut für Psychiatrie, 2017 und Fischer, 2020: S. 61].

3.4 Die Gesetzliche Arbeitslosenversicherung

Die Gesetzliche Arbeitslosenversicherung (kurz: ALV) wurde 1927 eingeführt (vgl. Kapitel 2.3) und hat sich im Wandel der Zeit in ihrem Bestehen und ihren Strukturen verändert. Rechtliche Grundlage der ALV bietet das dritte Sozialgesetzbuch. Die Geschichte der Sozialversicherungen hat gezeigt, dass Arbeitsplatzverluste in Gesellschaften nicht vermeidbar sind, auch wenn ein hoher Beschäftigungsgrad herrscht und das Ziel einer Vollbeschäftigung verfolgt wird (vgl. Kapitel 2.5). Auch ist bekannt, dass der Verlust des Arbeitsplatzes erhebliche wirtschaftliche und soziale Folgen haben kann, was wiederum Einfluss auf die Wirtschafts- und Sozialpolitik hat. Es kann daher keine Versicherung gegen Arbeitslosigkeit geben. Die Zielsetzung der

ALV ist daher, *„[...] die wirtschaftlichen Folgen der Arbeitslosigkeit für einen bestimmten Zeitraum abzudecken. Dadurch erhält der Beschäftigte die Möglichkeit, sich während dieses Zeitraums ein neues Beschäftigungsverhältnis zu suchen."* [Althammer und Lampert, 2014: S. 306]. So erhöht sich ebenfalls die *„Matching-Effizienz"* am Arbeitsmarkt und somit die vermutbar längere Verbundenheit von Arbeitnehmer und Arbeitgeber. Träger der Arbeitslosenversicherung ist die Bundesagentur für Arbeit. Diese kooperiert mit dem Institut für Arbeitsmarkt- und Berufsforschung (kurz: IAB), welches als Aufgabe hat die Entwicklungen auf dem Arbeitsmarkt zu beobachten und die Wirksamkeit der Maßnahmen zu untersuchen. Im Jahresvergleich zeigt sich eine kontinuierliche Abnahme der Arbeitslosigkeit. Nachdem im Jahr 2015 noch ca. 2,7 Millionen Menschen arbeitslos gemeldet waren, sind im Jahr 2019 2,2 Millionen Menschen arbeitslos gemeldet gewesen [vgl. Althammer und Lampert, 2014: S. 306-307 und Bundesagentur für Arbeit, 2020].

3.4.1 Formen der Mitgliedschaft

Abbildung 5: Die Gesetzliche Arbeitslosenversicherung

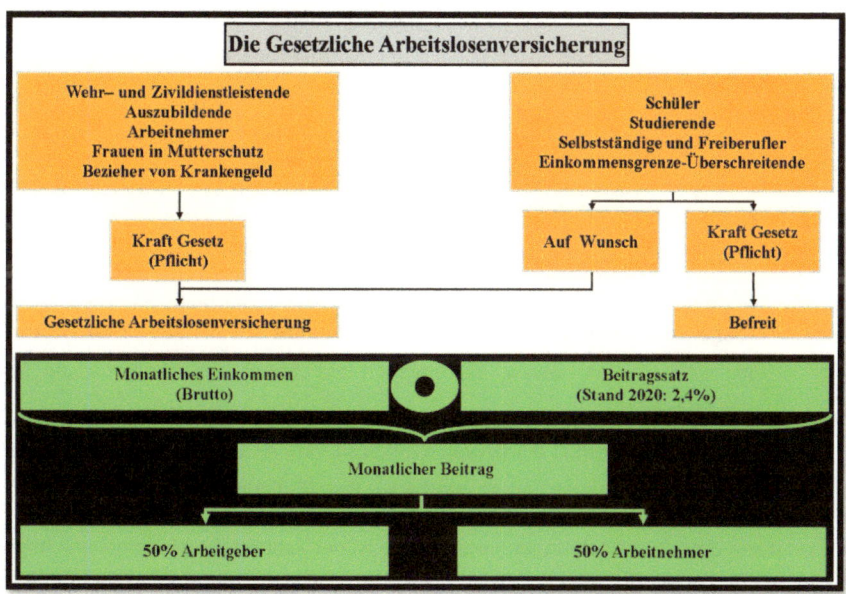

Quelle: Eigene Darstellung in Anlehnung an Deutsche Akademie für Vermögensberatung e.V., 2017

Die oben stehende Grafik zeigt die Formen der Mitgliedschaft und die dafür relevanten Voraussetzungen. Es wird unterschieden zwischen Mitgliedern, die zur Mitgliedschaft *gesetzlich* verpflichtet sind und solchen, die auf Wunsch *freiwillig* Mitglied sind. In der ALV existiert, genau wie in der Gesetzlichen Kranken-, Pflege- und Rentenversicherung, eine Einkommensgrenze bzw. Beitragsbemessungsgrenze (Stand 2020: 82.800€/Jahr bzw. 6.900,00€/Monat in Westdeutschland und 77.400€/Jahr bzw. 6.450,00€/Monat in Ostdeutschland). Überschreitet der monatliche Bruttolohn diese Grenze, so wird der darüber liegende Geldbetrag nicht zur Berechnung des monatlichen Beitrages verwendet und ist frei von steuerlichen Abgaben (vgl. Kapitel 3). Menschen, die dem Staat dienen (z.B. Beamte, Soldaten, Politiker), genießen eine hohe Existenz-sicherheit [vgl. Explainity GmbH, 2011 und Kapitel 3].

3.4.2 Leistungen für Versicherte

Versicherte der ALV besitzen rechtlichen Anspruch auf verschiedene Leistungen. Die Leistungen dieser sind in erster Linie das Arbeitslosengeld I (kurz: ALG I). An dieser Stelle sei erwähnt, dass das ALG I klar von der Sozialhilfe und staatlichen Grundsicherung, dem Arbeitslosengeld II (kurz: ALG II), unterschieden werden muss, da zum einen die Leistungen anders sind und zum anderen die rechtliche Grundlage des ALG II im Sozialgesetzbuch II und VII zu finden ist. Um ALG I zu erhalten gibt es drei Voraussetzungen, die erfüllt werden müssen [vgl. Althammer und Lampert, 2014: S. 307 und Sommer, 2010: S. 62-64]:

- Der Arbeitslose ist arbeitslos und hat sich beim Arbeitsamt arbeitslos gemeldet
- Der Arbeitslose steht der Arbeitsvermittlung zur Verfügung. Er ist also fähig zu arbeiten und bereit zu arbeiten, kann mindestens 15 Stunden in der Woche tätig sein und ist bereit, Maßnahmen zur beruflichen Weiterbildung zu durchlaufen
- Der Arbeitslose erfüllt die Anwartschaftszeit, d.h. er stand in den letzten zwei Jahren in einem versicherungspflichtigen Beschäftigungsverhältnis

Sind diese drei Voraussetzungen gegeben, so ist der Arbeitslose leistungsberechtigt. Er erhält durch die Bundesagentur für Arbeit Unterstützung und hat nach §147 SGB III Anspruch auf Arbeitslosengeld I. Die folgende Tabelle zeigt, wie sich die Dauer der ALG I Zuwendung unter welchen Voraussetzungen verändert:

Tabelle 4: ALG I der Arbeitslosenversicherung (Stand: 2020)

Versicherungspflicht in den letzten 5 Jahren vor der Arbeitslosigkeit (Monate)	Vollendetes Lebensjahr	Höchstanspruchsdauer (Monate)
12		6
16		8
20		10
24		12
30	50	15
36	55	18
48	58	24

Quelle: Eigene Darstellung in Anlehnung an Althammer und Lampert, 2014: S. 307

Der monatliche Leistungssatz beträgt grundsätzlich 60% des monatlichen Nettolohns. Für Arbeitslose mit mindestens einem Kind erhöht sich dieser Satz auf 67%. Zudem werden die Beiträge zu GKV und GRV von der Bundesagentur für Arbeit übernommen. Nachdem der Anspruch auf ALG I erloschen ist und noch immer kein Job gefunden wurde, besteht automatisch Anspruch auf ALG II. Der Anspruch auf ALG I ruht in der Zeit, in der dem Arbeitslosen andere Sozialleistungen (z.B. Krankengeld) zustehen.

Um arbeitslose Bürger wieder in den Arbeitsmarkt einzugliedern, stehen neben dem Arbeitslosengeld I umfangreiche Leistungen der Arbeitslosenversicherung zur Verfügung. Hierzu zählen die Berufsberatung, die Förderung der beruflichen Berufsausbildung und die Förderung von Weiterbildungsmaßnahmen. Seit der Verabschiedung des Arbeitsförderungs-Reformgesetzes im Jahr 1997 ist die Zumutbarkeit zur Annahme vermittelter Arbeit spürbar verschärft worden. Arbeitslose haben seitdem mit Lohnminderungen von bis zu 20% in den ersten drei Monaten sowie in den darauffolgenden drei Monaten mit bis zu 30% zu rechnen. Ab dem siebten Monat sind arbeitslose Menschen dazu verpflichtet jede Arbeit anzunehmen, deren Entgelt das des Arbeitslosengeldes I übersteigt. Hinzu kommt eine zumutbare Pendelzeit von 3 Stunden täglich [vgl. Deutsche Flagge, o.J. und Althammer und Lampert, 2014: S. 308-309].

3.4.3 Zentrale Herausforderungen

Nach wie vor ist die Unterstützung durch die Gesetzliche Arbeitslosenversicherung ein systemrelevantes Mittel und notwendig, auch wenn sie einigen Herausforderungen in der heutigen Zeit begegnet, die den Druck auf, und die Kosten der Gesetzlichen Arbeitslosenversicherung erhöhen:

- **Finanzierung und Langzeitarbeitslosigkeit:** Wie oben erwähnt, besteht grundlegend ein Unterschied zwischen den Leistungen von ALG I und ALG II. Die Mittel zur Finanzierung des ALG I stammen aus den Beiträgen von Arbeitnehmer und Arbeitgeber sowie aus Zuschüssen des Staates. Hingegen werden die Mittel zur Finanzierung des ALG II komplett vom Staat bereitgestellt. Genau wie bei den anderen Sozialversicherungen, erfolgt die Finanzierung beim ALG I nach dem Umlageverfahren. Was passiert also, wenn zunehmend mehr Menschen über eine lange Zeit auf die Mittel der Mitversicherten angewiesen sind? Durch den Wandel des Arbeitsmarktes und moderner Technik werden manche Berufe überholt und veralten, was besonders für Menschen im fortgeschrittenen Alter zu Schwierigkeiten in der Jobsuche und Neuausbildung führt. Dazu können einige psychische Erkrankungen zunehmend für eine immer wiederkehrende Arbeitslosigkeit und neuer Jobsuche sorgen; und das über einen Zeitraum von mehreren Jahren. Langzeitarbeitslose Menschen werden über Jahre hinweg von Weiterbildung zu Weiterbildung gereicht, ohne das eine individuelle Problemlösung erreicht wird. Die Arbeitslosenversicherung mag drittens die Verweildauer der Leistungsbezieher zusätzlich erhöhen, da die Leistungen des ALG I durchaus alltagskostendeckend sind und ein angenehmes Leben ermöglichen. Eine individuelle Problemlösung mag daher auch bei einigen langzeitarbeitslosen Menschen nicht wünscht sein [vgl. Althammer und Lampert, 2014: S. 309].

3.5 Die Gesetzliche Unfallversicherung

Die Gesetzliche Unfallversicherung (kurz: DGUV) wurde 1884 eingeführt (vgl. Kapitel 2.1) und hat sich im Wandel der Zeit in ihrem Bestehen und ihren Strukturen verändert. Rechtliche Grundlage der DGUV bietet das siebte Sozialgesetzbuch. Die Zielsetzung der DGUV ist, Unfälle im Arbeitskontext präventiv zu verhindern oder die

Entschädigung und Fürsorge für den Verletzten oder die Hinterbliebenen zu leisten. Die Deutsche Gesetzliche Unfallversicherung e.V. ist der Spitzenverband von Berufsgenossenschaften, Unfallkassen und weiteren Versicherungsverbänden. Diese untergeordneten Träger umfassen insgesamt neun gewerbliche und neun landwirtschaftliche Berufsgenossenschaften sowie die Unfallversicherungsträger der öffentlichen Hand. Um Leistungen erbringen zu können, werden die Träger durch verschiedene Institute unterstützt, beispielsweise das Institut für Arbeitsschutz (kurz: IFA), das Institut für Arbeit und Gesundheit (kurz: IAG) und das Institut für Prävention und Arbeitsmedizin (kurz: IPA) [vgl. Althammer und Lampert, 2014: S. 283-284].

3.5.1 Formen der Mitgliedschaft

Abbildung 6: Die Gesetzliche Unfallversicherung

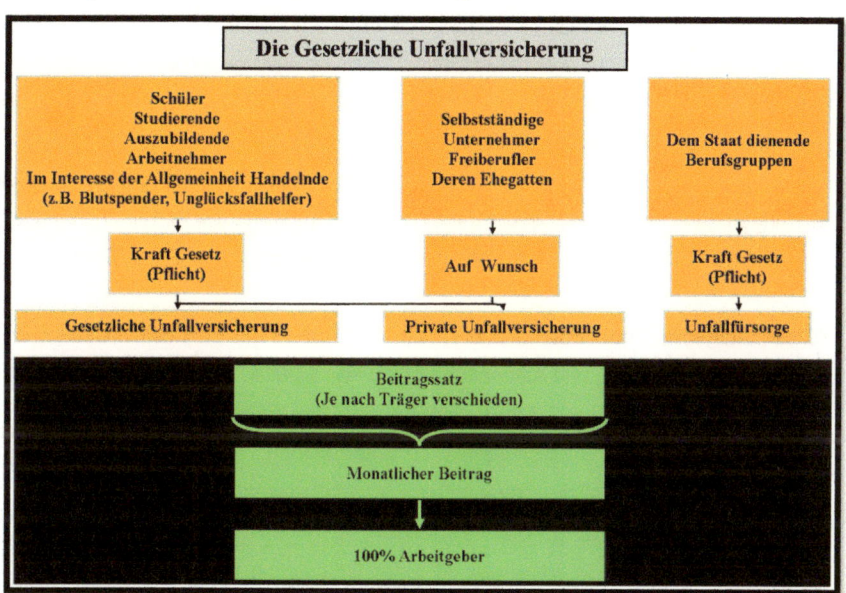

Quelle: Eigene Darstellung in Anlehnung an Deutsche Akademie für Vermögensberatung e.V., 2017

Die oben stehende Grafik zeigt die Formen der Mitgliedschaft und die dafür relevanten Voraussetzungen. Es wird unterschieden zwischen Mitgliedern, die zur Mitgliedschaft *gesetzlich* verpflichtet sind und solchen, die *freiwillig* Mitglied sind. Der monatliche Beitragssatz wird durch den Arbeitgeber zu 100% getragen und ist je nach Träger verschieden. Er berechnet sich aus der Höhe des bezahlten Bruttolohns multipliziert mit der Risikoklasse des Arbeitsbereiches multipliziert mit einer Umlageziffer, die jährlich durch den Vorstand der Spitzenverbandes neu beschlossen wird. Für dem Staat dienende Berufsgruppen wird im Rahmen einer Unfallfürsorge extra gesorgt [vgl. Deutsche Gesetzliche Unfallversicherung e.V., o.J.b und Explainity GmbH, 2011].

3.5.2 Leistungen für Versicherte

Versicherte der DGUV besitzen rechtlichen Anspruch auf verschiedene Leistungen. Auch hier erfolgt die Bereitstellung von Geldern nach dem Umlageverfahren. Die durch den Arbeitgeber einbezahlten Beiträge werden bei einem Unfall an die Leistungsbezieher umverteilt. Um jedoch Anspruch auf Leistungen zu haben, erfolgt eine Prüfung nach dem Kausalitätsprinzip, d.h. es wird untersucht in welchem Kontext der Unfall passiert ist. Ist der Unfall auf dem direkten Weg zur Arbeit passiert, so greift die DGUV. Hat der Verunfallte jedoch auf dem Weg zur Arbeit beispielsweise einen Umweg zur Bäckerei zwei Straßen weiter gemacht, sind Leistungen nicht garantiert, da die DGUV nicht greift, wenn der Unfall unabhängig von Arbeitskontexten passiert [vgl. Althammer und Lampert, 2014: S. 283-284].

Zu den Aufgaben und Leistungen der DGUV gehören [vgl. Bundesministerium für Arbeit und Soziales, o.J. und Althammer und Lampert, 2014: S. 283-284]:

- **Die Prävention** von Arbeitsunfällen und Berufskrankheiten (Prüfung und Anpassung der Unfallsicherheit in Unternehmen, Unfallursachenforschung und Erlass betrieblicher Vorschriften zur Unfallprävention)
- **Die Entschädigung des Verletzten** in Form eines Verletztengeldes (Lohnfortzahlung in Höhe von 80% des Bruttolohns nach sechs Wochen für maximal 78 Wochen)
- **Die Wiedereingliederung und Wiederherstellung** in das Berufsleben sowie der Erwerbstätigkeit durch Zahlung eines Übergangsgeldes für Reha Maßnahmen oder Umschulungen in Höhe von 75% des Verletztengeldes, wenn der Versicherte ein Kind hat, selbst pflegebedürftig ist oder die Pflege des Ehepartners übernimmt. Bei allen anderen Versicherten beläuft sich die Höhe des Verletztengeldes auf 68%.

46

- **Die Fürsorge des Verletzten** durch die Zahlung einer *Unfallrente bei Berufsunfähigkeit* (in Höhe von 2/3 des Jahresarbeitsverdienstes (=Vollrente)) oder Zahlung einer *Erwerbsminderungsrente* bei Erwerbsminderung um mindestens 30% (in Höhe von 30% der Vollrente (=Teilrente)). Hinzu kommt die *Zahlung eines Pflegegeldes*, wenn in Folge des Unfalls eine Pflegebedürftigkeit zustande kommt (in Höhe von 374€ bis 1491€ im Westen und 354€ und 1.423€ im Osten (Stand: 2020)). Die Renten werden lebenslang gezahlt und beim Zusammentreffen mit Leistungen der Gesetzlichen Rentenversicherung teilweise angerechnet und addiert. Die Höhe des Pflegegeldes wird auf Grundlage des individuellen Gesundheitsschadens angepasst und erhöht sich ab Juli 2020 erneut.

- **Die Entschädigung der Hinterbliebenen** durch ein *pauschales Sterbegeld* (in Höhe von 1/7 der zum Zeitpunkt des Todes geltenden Bezugsgröße (Stand 2020: 5.460€)), die *Übernahme von Überführungskosten* (Wenn der Tod nicht in der Familienwohnung eingetreten ist) sowie eine *Hinterbliebenenrente für den Ehepartner* (in Höhe 30% des Jahresbruttoverdienstes für 24 Monate (= kleine Witwenrente) oder in Höhe von 40% des Jahresbruttoverdienstes bei besonderen Voraussetzungen ohne zeitliche Begrenzung solange die besonderen Voraussetzungen gegeben sind (= große Witwenrente)) und einer *Waisenrente für Kinder* (in Höhe von jährlich 20% bei Halbwaisen oder in Höhe von 30% bei Vollwaisen des Jahresbruttoverdienstes bis zum 18. Lebensjahr bzw. bei Berufsausbildung maximal 27. Lebensjahr). An dieser Stelle sei erwähnt, dass es sich hier um Renten handelt, die gezahlt werden, wenn der Tod im Rahmen der Arbeit eingetreten ist. Diese sind von den Renten der GRV zu unterscheiden (vgl. Kapitel 3.3.2).

3.5.3 Zentrale Herausforderungen

Auch die DGUV begegnet einigen Herausforderungen in der heutigen Zeit. Entgegen der anderen vier Gesetzlichen Sozialversicherungen, ist das Umlageverfahren keine Herausforderung, da nur durch den Arbeitgeber Gelder gezahlt werden. Es bestehen jedoch, gerade für die Arbeitnehmer, andere Herausforderungen; sowohl in der Beantragung der Leistungen als auch den Leistungen selbst:

- **Das Kausalitätsprinzip:** Wie oben erwähnt, ist ein Arbeitnehmer nur dann leistungsberechtigt, wenn ein Unfall entweder auf der Arbeit oder dem

Arbeitsweg passiert. Da das Kausalitätsprinzip in jedem einzelnen Fall individuell geprüft wird und das Bestreben der öffentlichen Hand offensichtlich ist, Ausgaben in allen Bereichen möglichst gering zu halten, sind vor allem bei Unfällen, die auf dem Arbeitsweg passieren oft verschiedene Sichtweisen seitens der Arbeitnehmer und der DGUV vorhanden, wodurch Rechtsstreitigkeiten und langjährige Verfahren entstehen, die das Rechtssystem jährlich zusätzlich eine hohe Summe an Steuergeldern kostet [vgl. Rechtsanwälte Kotz GBR, 2018].

- **Die Entschädigung der Hinterbliebenen:** Zuvor wurden die verschiedenen Leistungen dargestellt, zu denen die DGUV rechtlich verpflichtet ist. Vielen Arbeitnehmern ist jedoch nicht bewusst, dass die prozentualen Entschädigungen von Hinterbliebenen an dem jährlichen Bruttolohn festgemacht werden. Die vom Bruttolohn abgehenden Steuern führen somit zu einem deutlich geringeren Betrag. Der ohnehin schon als gering zu bewertende Geldbetrag, der beispielsweise für den Ehepartner nur 24 Monate bereitgestellt wird, verringert sich somit zusätzlich und deckt daher oft nicht den vorhandenen Bedarf [vgl. Deutsche Akademie für Vermögensberatung e.V., 2017].

- **Wandel von Berufskrankheiten:** Auch wenn das Unfallrisiko bei der Arbeit in den vergangenen Jahren zurückgegangen ist, sollte der Wandel von Krankheiten nicht außer Acht gelassen werden. Vor allem in den letzten zehn Jahren ist die Präsenz von psychischen Erkrankungen deutlich in den Vordergrund gerückt; nicht zuletzt auch im beruflichen Alltag: Depressionen, Belastungsstörungen oder Burn-Out sind zunehmend Folgen unserer Leistungsgesellschaft und damit auch für die DGUV eine Herausforderung mit Bezug auf die Berufsunfähigkeit [vgl. Max-Planck-Institut für Psychiatrie, 2017].

4. Fazit und Diskussion

Zusammenfassend sind also die fünf Sozialversicherungen der Bundesrepublik Deutschland ein System, das den Bürgern ein möglichst gutes und sorgenfreies Leben ermöglichen und die wirtschaftlichen sowie Sozialen Interessen des Landes sichern soll. Mit Blick auf das Wort *„Sozial-versicherung"* wird dies erneut deutlich. Die Idee hinter dem System ist eine gemeinschaftliche und solidarische Zahlung von Geldern, die durch den Staat an Bedürftige umverteilt werden. Das Risiko von Armut soll minimiert und die Qualität der Leistungen maximiert werden.

Historisch betrachtet geht die Entwicklung des Sozialsystems bis ins 19. Jahrhundert zurück. Die Schaffung einer Versicherung für Personen, die durch Krankheit, Unfall und Invalidität sowie Alter ihr wirtschaftliches und soziales Leben nicht mehr aufrecht erhalten können, war das Ziel von Kaiser Wilhelm I. und Otto von Bismarck, die maßgeblich auf die Forderungen des Volkes und sozialen Missstände der damaligen Zeit reagiert haben. Der Erste und Zweite Weltkrieg sowie die Weltwirtschaftskrise Ende der 1920er und Anfang der 1930er Jahren warfen die weitere Ausgestaltung des Systems zurück; auch wenn die Ereignisse und Folgen dieser Jahre für, aus heutiger Sicht, einige positive Entwicklungen sorgten (Arbeitslosenversicherung, Erstarkung politischer Gremien, Festigung der Arbeitnehmerrechte, Schaffung der Sozialgesetzgebung und des Grundgesetzes u.v.m.). Das Aufgreifen der Gesetzgebung und Verfassung der Weimarer Republik nach dem Ende des Zweiten Weltkriegs durch den ersten Deutschen Bundestag der Bundesrepublik, sicherte das Fortbestehen der damaligen Sozialversicherungen bis in die heutige Zeit und erweiterte sie um den Bereich der Pflege.

Heute umfassen die fünf Gesetzlichen Sozialversicherungen Leistungen zur Prävention, Rehabilitation, wirtschaftlicher und/oder finanzieller Unterstützung und stehen neben Sicherungssystemen im privat-wirtschaftlichen Sektor. Der monatliche Versicherungsbeitrag errechnet sich als Produkt aus dem monatlichen Einkommen multipliziert mit dem prozentualen Beitragssatz, welcher wiederum durch je 50% für Arbeitnehmer und Arbeitgeber dividiert wird (außer bei der Gesetzlichen Unfallversicherung). Im privat-wirtschaftlichen Sektor errechnet sich der monatliche Versicherungsbeitrag durch individuell festgelegte Beiträge (abhängig von Alter,

Vorerkrankung, Lebensrisiken u.v.m.). Die Kernprinzipien sind Versicherung, Versorgung und Fürsorge.

Die sogenannte Beitragsbemessungsgrenze festigt diese Berechnung der Beiträge bei einer allgemein-geltenden Einkommensgrenze, wodurch der solidarische und gemeinschaftliche Gedanke mit Blick auf die Gutverdiener in Schieflage zu geraten droht; mit Blick auf die Funktionalität des Umlageverfahrens jedoch weitergeführt wird. Hinzu kommen Themen wie fehlende Transparenz über die Leistungen der fünf Sozialversicherungen, Kompetenzüberschneidungen sowie Unübersichtlichkeit dieser aufgrund einer Trägervielfalt und eine hohe Komplexität innerhalb der Rechtsnormen, was Leistungsberechtigte vielfach vor die Schwierigkeit stellt, ihre Rechte geltend zu machen. Neben einer solchen Herausforderung mit Blick auf soziale Gerechtigkeit und Struktur, stellen auch der demografische Wandel, ein medizinischer Fortschritt, die Rentenbelastung durch die Babyboomer sowie die fehlende Grundversorgung, steigende Erkrankungshäufigkeiten im Alter und psychische Erkrankungen sowie die weitere Ausgestaltung der Gesetzlichen Pflegeversicherung Herausforderungen der heutigen Zeit dar. Außerdem werden die Welle der Geflüchteten seit dem Jahr 2015 sowie die Verbreitung des Corona-Virus seit Februar 2020 ebenfalls Themen sein, die sozialpolitische Diskussionen in den kommenden Jahren beeinflussen werden.

Die Rufe nach der bereits in den 1980er Jahren geforderten Wende werden zunehmend lauter werden. Fakt ist, dass das kommende Jahrzehnt vor allem für die Sozialgesetzgebung interessante Jahre verlauten lässt. Sie wird die Chance erhalten, sich zu entwickeln und die geforderte Wende einzuleiten. Damit einhergehend werden wir als Bürger diese Veränderungen bzw. Anpassungen des Sozialversicherungssystems in unserem alltäglichen Leben erfahren. Diesen Herausforderungen werden vor allem Menschen begegnen, die im Gesundheits- und im Sozialwesen tätig sind. Die Menge an Herausforderungen zeigt aber auch die Wichtigkeit des Sozialversicherungssystems. Fernab von jeglicher Herausforderung und Problematik sollte nicht unerwähnt bleiben, dass in der Bundesrepublik Deutschland, im Vergleich zu anderen Ländern der Welt, eine soziale Sicherung besteht. Diese, für viele von uns als Selbstverständlich erachtete, Gegebenheit sollten wir uns wiederkehrend ins Gedächtnis rufen.

Literaturverzeichnis

Althammer, Jörg W. | Lampert, Heinz (2014): Lehrbuch der Sozialpolitik, 9. Auflage, Berlin Heidelberg: Springer Gabler-Verlag

Bundesagentur für Arbeit (2020): Arbeitslosenquoten im Jahr 2019, URL: https://www.arbeitsagentur.de/datei/ba146218.pdf [Abgerufen am: 11.04.2020]

Bundesministerium für Familie, Senioren, Frauen und Jugend (2019): Demografischer Wandel und Nachhaltigkeit, URL: https://www.bmfsfj.de/bmfsfj/themen/engagement-und-gesellschaft/demografischer-wandel-und-nachhaltigkeit/demografischer-wandel-und-nachhaltigkeit/75000 [Abgerufen am: 26.03.2020]

Bundesministerium für Arbeit und Soziales (2017): Abschlagsfreie „Rente ab 63", URL: https://www.bmas.de/DE/Themen/Rente/Gesetzliche-Rentenversicherung/rente-ab-63-art.html [Abgerufen am: 10.04.2020]

Bundesministerium für Arbeit und Soziales (o.J.): Was leistet die Unfallversicherung? Wer zahlt die Beiträge?, URL: https://www.bmas.de/DE/Themen/Soziale-Sicherung/Gesetzliche-Unfallversicherung/Fragen-und-Antworten/was-leistet-die-unfallversicherung/inhalt.html [Abgerufen am: 29.03.2020]

Bundesministerium für Gesundheit (2017): Die Pflegestärkungsgesetze - Alle Leistungen zum Nachschlagen, URL: https://www.bundesgesundheitsministerium.de/fileadmin/Dateien/5_Publikationen/Pflege/Broschueren/PSG_Alle_Leistungen.pdf [Abgerufen am: 8.03.2020]

Bundesministerium für Gesundheit (2018): Versicherte in der gesetzlichen Krankenversicherung, URL: https://www.bundesgesundheitsministerium.de/gesetzlich-versicherte.html [Abgerufen am: 10.04.2020]

Bundesministerium für Gesundheit (2019b): Wissenschaftliche Evaluation der Umstellung des Verfahrens zur Feststellung der Pflegebedürftigkeit (318c Abs. 2 SGB XI). Zusammenfassung der Untersuchungsergebnisse, URL: https://www.bundesgesundheitsministerium.de/fileadmin/Dateien/3_Downloads/P/Pflegebeduerftigkeitsbegriff_Evaluierung/Evaluationsbericht_18c_SGB_XI.pdf [Abgerufen am: 16.04.2020]

Bundesministerium für Gesundheit (2019a): Pflegeversicherung, Zahlen und Fakten, URL: https://www.bundesgesundheitsministerium.de/themen/pflege/pflegeversicherung-zahlen-und-fakten.html#c3236 [Abgerufen am: 11.04.2020]

Bundesministerium für Gesundheit (2020a): Die Pflegeversicherung, URL: https://www.bundesgesundheitsministerium.de/themen/pflege/online-ratgeber-pflege/die-pflegeversicherung.html [Abgerufen am: 28.03.2020]

Bundesministerium für Gesundheit (2020b): Zahlen und Fakten zur Pflegeversicherung, URL: https://www.bundesgesundheitsministerium.de/fileadmin/Dateien/3_Downloads/Statistiken/Pflegeversicherung/Zahlen_und_Fakten/Zahlen_und_Fakten_der_SPV_17.Februar_2020_barr.pdf [Abgerufen am: 28.03.2020]

Bundesministerium für Wirtschaft und Energie (2020): Geflüchtete Menschen erfolgreich integrieren: Maßnahmen und Initiativen, URL: https://www.bmwi.de/Redaktion/DE/Artikel/Wirtschaft/fluechtlingspolitik.html [Abgerufen am: 16.04.2020]

Bundeszentrale für politische Bildung (2011): Sozialstaat, URL: https://www.bpb.de/nachschlagen/lexika/pocket-politik/16561/sozialstaat [Abgerufen am: 17.03.2020]

Bundeszentrale für politische Bildung (2016): Sozialpolitik, URL: https://www.bpb.de/nachschlagen/lexika/lexikon-der-wirtschaft/20654/sozialpolitik [Abgerufen am: 20.03.2020]

Caritas Altenhilfe (2020): Kosten eines Pflegeplatzes, URL: https://www.caritas-altenhilfe.de/beitraege/kosten-eines-pflegeplatzes/303605/ [Abgerufen am: 04.05.2020]

Cortes, Luisa (2020): Kinderarbeit abschaffen? Eine gesellschaftspolitische und sozialökonomische Analyse, Bachelorarbeit im Studiengang Soziale Arbeit: Katholische Hochschule NRW, Abt. Köln

Deutsche Akademie für Vermögensberatung e.V. (2017): Grundausbildung für Vermögensberater – Stufe 1: Sozialversicherung

Deutsche Rentenversicherung (2018): Versichertenbericht 2018, URL: https://www.deutsche-rentenversicherung.de/SharedDocs/Downloads/DE/Statistiken-und-Berichte/Berichte/versichertenbericht_2018.pdf?__blob=publicationFile&v=1 [Abgerufen am: 10.04.2020]

Deutsche Rentenversicherung (o.J.a): Erwerbsminderungsrenten, URL: https://www.deutsche-rentenversicherung.de/DRV/DE/Rente/Allgemeine-Informationen/Rentenarten-und-Leistungen/Erwerbsminderungsrente/erwerbsminderungsrente_node.html [Abgerufen am: 10.04.2020]

Deutsche Rentenversicherung (o.J.b): Renten für Hinterbliebene, URL: https://www.deutsche-rentenversicherung.de/DRV/DE/Rente/Allgemeine-Informationen/Rentenarten-und-Leistungen/Renten-an-Hinterbliebene/renten-an-hinterbliebene_node.html [Abgerufen am: 10.04.2020]

Deutsche Rentenversicherung (o.J.c): Selbstständige, URL: https://www.deutsche-rentenversicherung.de/DRV/DE/Rente/Arbeitnehmer-und-Selbststaendige/03_Selbststaendige/selbststaendige_node.html;jsessionid=E7CFB7 1968DBE903C5416A0D81C886FA.delivery1-9-replication [Abgerufen am: 13.04.2020]

Deutsche Flagge (o.J.): Leistungen, URL: https://www.deutsche-flagge.de/de/sozialversicherung/arbeitslosenversicherung/leistungen/leistungen [Abgerufen am: 30.03.2020]

Deutsche Gesetzliche Unfallversicherung e.V. (o.J.a): Die gesetzliche Unfallversicherung – Aufgaben und Leistungen, URL: https://www.dguv.de/de/ihr_partner/arbeitnehmer/gesetzliche-uv/index.jsp [Abgerufen am: 29.03.2020]

Deutsche Gesetzliche Unfallversicherung e.V. (o.J.b): Kein Buch mit sieben Siegeln: Die Beitragsberechnung, URL: https://www.dguv.de/de/ihr_partner/unternehmen/beitragsberechnung/index.jsp [Abgerufen am: 26.03.2020]

Explainity GmbH (2011): Gesetzliche Sozialversicherung einfach erklärt, URL: https://www.youtube.com/watch?v=HfACZuLfUMA [Abgerufen am: 17.03.2020]

Fischer, Joshua (2020): Fundraising durch Non-Profit-Organisationen mit Schwerpunkt „Privatpersonen" in Deutschland – Grundfragen und Entwicklungstendenzen, München: Grin-Verlag

GKV-Spitzenverband (2020a): Die gesetzlichen Krankenkassen, URL: https://www.gkv-spitzenverband.de/krankenversicherung/kv_grundprinzipien/alle_gesetzlichen_krank enkassen/alle_gesetzlichen_krankenkassen.jsp [Abgerufen am: 27.03.2020]

GKV-Spitzenverband (2020b): GKV-Kennzahlen, URL: https://www.gkv-spitzenverband.de/gkv_spitzenverband/presse/zahlen_und_grafiken/gkv_kennzahlen/gkv_kennzahlen.jsp [Abgerufen am: 27.03.2020]

Infomagazin für Seniorenbedarf (o.J.): Rentenabzüge und Bruttorente 2020 – Sozialabgaben und andere Abzüge bei der Rente, URL: https://www.seniorenbedarf.info/rentenabzuege-sozialabgaben [Abgerufen am: 10.04.2020]

Lebendiges Museum Online (2014a): Das Hilfspflichtgesetz, URL: https://www.dhm.de/lemo/kapitel/erster-weltkrieg/industrie-und-wirtschaft/hilfspflichtgesetz.html [Abgerufen am: 21.03.2020]

Lebendiges Museum Online (2014b): Friedrich III. 1831-1888, URL: https://www.dhm.de/lemo/biografie/biografie-friedrich-iii.html [Abgerufen am: 25.03.2020]

Lohnsteuerhilfeverein (2020): Wann muss ich als Rentner Steuern zahlen? Und wie viel?, URL: https://www.vlh.de/krankheit-vorsorge/altersbezuege/wann-muss-ich-als-rentner-steuern-zahlen-und-wie-viel.html [Abgerufen am: 10.04.2020]

Max-Planck-Institut für Psychiatrie (2017): Burnout, URL: https://www.psych.mpg.de/1967637/burnout [Abgerufen am: 27.03.2020]

Niermann, Inga (2007): Anschlussheilbehandlung: „Blutige Entlassung" verlagert Kosten in die Reha, URL: https://www.aerzteblatt.de/archiv/55105/Anschlussheilbehandlung-Blutige-Entlassung-verlagert-Kosten-in-die-Reha [Abgerufen am: 27.03.2020]

Rechtsanwälte Kotz GBR (2018): Gesetzliche Unfallversicherung, URL: https://www.unfallversicherungblog.de/gesetzliche-unfallversicherung/ [Abgerufen am: 29.03.2020]

Schönig, Werner | Hoyer, Thomas | Potratz, Alexandra (2018): Lehrbuch Ökonomie in der Sozialen Arbeit, 1. Auflage, Weinheim und Basel: BeltzJuventa-Verlag

Sommer, Irene (2010): Lehrbuch Sozialverwaltungsrecht. Grundlagen der Sozialverwaltung, des Verwaltungshandelns und des Rechtsschutzsystems, Weinheim und München: BeltzJuventa-Verlag

Techniker Krankenkasse (2020): Beiträge ab 1. Januar 2020, URL: https://www.tk.de/resource/blob/2072878/9d307ef746d3faa36ba10c0015ca69af/beitragstabelle-2020-data.pdf [Abgerufen am: 19.03.2020]

Verein Für soziales Leben e.V. (o.J.): Pflegegrade, URL: https://www.pflege-grad.org/ [Abgerufen am: 16.04.2020]

BEI GRIN MACHT SICH IHR WISSEN BEZAHLT

- Wir veröffentlichen Ihre Hausarbeit, Bachelor- und Masterarbeit

- Ihr eigenes eBook und Buch - weltweit in allen wichtigen Shops

- Verdienen Sie an jedem Verkauf

Jetzt bei www.GRIN.com hochladen und kostenlos publizieren